为天地立心

张载自然观

乐爱国●著

深圳出版发行集团
海 天 出 版 社

图书在版编目（CIP）数据

为天地立心 ：张载自然观 / 乐爱国著. —
深圳 ：海天出版社，2013.2
（自然国学丛书）
ISBN 978-7-5507-0653-8

Ⅰ. ①为… Ⅱ. ①乐… Ⅲ. ①张载（1020～1077）—自然哲学—哲学思想—研究 Ⅳ. ①B244.45

中国版本图书馆CIP数据核字(2013)第013359号

为天地立心——张载自然观
Wei Tiandi Li Xin Zhang Zai Ziran Guan

出 品 人 尹昌龙
总 策 划 尹昌龙
出版策划 毛世屏
丛书主编 孙关龙 宋正海 刘长林
责任编辑 秦 海
责任技编 蔡梅琴
封面设计 同舟设计/李杨

出版发行 海天出版社
地 址 深圳市彩田南路海天大厦（518033）
网 址 www.htph.com.cn
订购电话 0755-83460293(批发) 83460397(邮购)
设计制作 深圳市同舟设计制作有限公司 Tel：0755-83618288
印 刷 深圳市金豪毅彩色印刷有限公司
版 次 2013年2月第1版
印 次 2013年2月第1次
开 本 787mm×1092mm 1/16
印 张 10.25
字 数 130千
定 价 26.00元

总 序

21世纪初，国内外出现了新一轮传统文化热。广大百姓以从未有过的热情对待中国传统文化，出现了前所未有的国学热。世界各国也以从未有过的热情学习和研究中国传统文化，联合国设立孔子奖，各国雨后春笋般地设立孔子学院或大学中文系。显然，人们开始用新的眼光重新审视中国传统文化，认识到中国传统文化是中华民族之根，是中华民族振兴、腾飞的基础。面对近几百年以来没有过的文化热，这就要求我们加强对传统文化的研究，并从新的高度挖掘和认识中国传统文化。我们这套《自然国学丛书》就是在这样的背景下应运而生的。

自然国学是我们在国家社会科学基金项目“中国传统文化在当代科技前沿探索中如何发挥重要作用的理论研究”中，提出的新研究方向。在我们组织的、坚持20余年约1000次的“天地生人学术讲座”中，有大量涉及这一课题的报告和讨论。自然国学是指国学中的科学技术及其自然观、科学观、技术观，是国学的重要组成部分。长久以来由于缺乏系统研究，以致社会上不知道国学中有自然国学这一回事；不少学者甚至提出“中国古代没有科学”的论断，认为中国人自古以来缺乏创新精神。然而，事实完全不是这样的：中国古代不但有科学，而且曾经长时期地居于世界前列，至少有甲骨文记载的商周以来至17世纪上半叶的中国古代科学技术一直居于世界前列；在公元3～15世纪，中国科学技术则是独步世界，占据世界领先地位达千余年；中国古人富有创新精神，据统计，公元前6世纪至公元1500年的2000多年中，中国的技术、工艺

发明成果约占全世界的54%；现存的古代科学技术知识文献数量，也超过世界任何一个国家。因此，自然国学研究应是21世纪中国传统文化一个重要的新的研究方向。它的深入研究，不仅能从新的角度、新的高度认识和弘扬中国传统文化，使中国传统文化获得新的生命力，而且能从新的角度、新的高度认识和弘扬中国传统科学技术，有助于当前的科技创新，有助于走富有中国特色的科学技术现代化之路。

本套丛书是中国第一套自然国学研究丛书。其任务是：开辟自然国学研究方向；以全新角度挖掘和弘扬中国传统文化，使中国传统文化获得新的生命力；以全新角度介绍和挖掘中国古代科学技术知识，为当代科技创新和科学技术现代化提供一系列新的思维、新的“基因”。它是“一套普及型的学术研究专著”，要求“把物化在中国传统科技中的中国传统文化挖掘出来，把散落在中国传统文化中的中国传统科技整理出来”。这套丛书的特点：一是“新”，即“观念新、角度新、内容新”，要求每本书有所创新，能成一家之言；二是学术性与普及性相结合，既强调每本书“是各位专家长期学术研究的成果”，学术上要富有个性，又强调语言上要简明、生动，使普通读者爱读；三是“科技味”与“文化味”相结合，强调“紧紧围绕中国传统科技与中国传统文化交互相融”这个纲要进行写作，要求科技器物类选题着重从中国传统文化的角度进行解读，观念理论类选题注重从中国传统科技的角度进行释解。

由于是第一套自然国学丛书，加上我们学识不够，本套丛书肯定会存在这样或那样的不足，乃至出现这样或那样的差错。我们衷心地希望能听到批评、指教之声，形成争鸣、研讨之风。

《自然国学丛书》主编

2011年10月

目 录

前 言

中国人讲“气”，推崇“志气”“勇气”以及孟子的“浩然之气”一类的精神之气，重视身体中“元气”“血气”一类的生命之气，关注天地自然间的虚空之气、万物之气、变化之气一类的自然之气。在中国历史上，讲论“气”的哲学家、思想家不在少数。他们或是用“气”解释天地间的万物及其变化，或是以“气”的概念为核心建构思想体系。宋代的张载是他们之中的佼佼者。

宋代儒学继先秦儒学、汉唐儒学而来，规模宏大，气势磅礴，大师辈出，学派林立。至北宋中期，形成了以王安石为代表的荆公新学，以司马光为代表的温公学派，以苏轼为代表的蜀学派，以及以周敦颐、邵雍、张载、二程为代表的理学。张载因在陕西讲学，其学被称为“关学”，与周敦颐的“濂学”、二程的“洛学”以及后来朱熹的“闽学”一起，是宋代理学的主体。

张载的学术以《易》为宗，以《中庸》为体，以孔孟为法，旨在“为天地立心，为生民立命，为往圣继绝学，为万世开太平”（或“为天地立心，为生民立道，为去圣继绝学，为万世开太平”）。他的思想以“气”为核心，用“气”解释天地自然、社会万象、精神智慧，以“气”的概念构筑理论体系，是宋代理学中以论“气”而著名的哲学家，其哲学被称为“唯气论”或“气学”。在自然观上，他提出了“虚空即气”的思想，并以此论述宇宙天地的结构、日月五星的运行以及月亮之变化与大地之升降。同时，他还讲“气化”，并以此

解释自然万物的变化、人的生死等等，从而形成了以“气”为核心的自然观体系。

张载的学术思想一直受到学术界重视，他的自然观也很受关注。但是，在现代文理学科分类的背景下，文科知识背景的学者，主要从哲学和文化的角度研究张载的自然观，对于其中有关自然的思想概念，往往阐释不深，甚至对于其中所涉及的科学内容，有所疏漏；理科知识背景的学者，则用现代科学的概念阐释张载的自然观，颇有新意，但对于其中有关哲学的和文化的思想概念，往往避而不谈，因而不能深入阐述张载自然观的真正内涵。正是由于种种原因，关于张载自然观的著述，除了有若干学术论文外，尚没有形成专门的研究专著。

本书通过对大量历史文献资料的梳理研究，从哲学、科学以及文化的角度，对张载自然观做出全面、综合的考察，深入论述张载自然观形成的哲学和科学背景，揭示张载自然观的哲学和科学内涵，着重分析其中所包含的“虚空即气”的本体论、宇宙天地的结构论和自然万物的气化论，客观地阐释张载自然观对于后世儒学和科学发展的影响以及当代学者对于张载自然观的研究。

第一章 热衷于自然探索的儒者

张载（公元1020—1077年），北宋著名理学家、哲学家。字子厚，世居大梁（今河南开封），后侨居于凤翔郿县（今陕西眉县）横渠镇。因长期讲学于横渠镇，世人尊称他为横渠先生。

据张载弟子吕大临的《横渠先生行状》所述，张载少年丧父，自强自立，又勤奋好学，尤其是喜欢兵学。21岁时，他针对当时西夏人入侵，向当时担任陕西经略安抚副使的范仲淹上书，建议向西夏用兵。范仲淹一见张载，便认为他有可能成为儒学大家。于是，勉励他研习儒学，特别要读《中庸》，而不必在兵学上下功夫。此后，张载深入研读《中庸》，孜孜不倦。而且还不满足，又读了不少佛家和道家的著作。直到后来发现佛、道之学无益于成就他的学术抱负，又回过头来求之于儒家“六经”。

宋嘉祐二年（公元1057年），37岁的张载考中进士，开始进入仕途，先后担任祁州司法参军、丹州云岩县令、著作佐郎，签书渭州军事判官公事等职。

熙宁二年（公元1069年），御史中丞吕晦叔向朝廷举荐张载，称赞“张载学有本原，四方之学者皆宗之，可以召对访问”。张载因而得以重用，任崇文院校书。当时，王安石执政变法，希望得到张载的支持。他曾经对张载说：“新政之更，惧不能任事，求助于子何如？”张载回答说：“朝廷将大有为，天下之士愿与下风。若与人为善，则孰敢不尽！如教玉人追琢，则人亦故有不能。”可见，张载与王安石已多有不合。于是，张载拟辞去崇文院校书职务，但未获批准。后被派往浙东明州审理苗振案，案毕回朝。此时，张载之弟监察御史张戬因反对推行新法而得罪于王安石被贬，张载愈感不安，于是辞去官职。

熙宁三年（公元1070年），50岁的张载回到横渠故居。此后，张载热衷于读书讲学，“终日危坐一室，左右简编，俯而读，仰而思，有得则识之，或中夜起坐，取烛以书，其志道精思，未始须臾息，亦未尝须臾忘也。学者有问，多告以知礼成性变化气质之道，学必如圣人而后已，闻者莫不动心有进。又以为教之必能养之然后信，故虽贫不能自给，苟门人之无赀者，虽粝蔬亦共之。其自得之者，穷神化，一天人，立大本，斥异学，自孟子以来，未之有也。尝谓门人曰：'吾学既得于心，则修其辞命，辞无差，然后断事，断事无失，吾乃沛然。精义入神者，豫而已矣。'"

正是在读书讲学、精思冥想的过程中，张载著书立说，既研究儒家心性之学，批判异端邪说，又对自然万物进行深入探讨，并且通过细致的分析思考，对各种自然现象作出合理的解释，形成了独特的自然观。

熙宁十年（公元1077年），秦凤路守帅吕大防举荐张载，曰："张载之学，善法圣人之遗意，其术略可措之以复古，乞召还旧职，访以治体。"张载得以再次入朝，任知太常礼院。后来，因与礼官意见分歧，加之当时疾病缠身，遂辞官告归。途中病情加重，不幸去世，终年58岁①。南宋嘉定十三年（公元1220年），宋宁宗赐谥号"明公"；淳祐元年（公元1241年），赐封"郿伯"，从祀孔庙；明嘉靖九年（公元1530年）改称"先儒张子"。

张载一生，著述颇丰，著有《正蒙》《横渠易说》《经学理窟》《张子语录》《文集》《论语说》《礼乐说》《孟子说》等，明嘉靖五年（公元1526年）吕柟编有《张子抄释》，明万历年间沈自彰编《张子全书》，后世又编为《张载集》。需要指出的是，张载创建的"关学"是宋代重要的理学学派，拥有诸多弟子，其中较为重要者，除吕大临之外，还有苏昞、范育、李复等。

张载是北宋著名的儒家学者，宋代理学的创始人之一。同时，他对天地自然万物也作了深入的探讨，提出了不少新见解，并且建构了自然观体系。这些研究与当时的学术背景以及他的为学宗旨和所面临的学术问题有着密切关系。

---

①《吕大临横渠先生行状》，《张载集》，中华书局，1978年，第381～385页。

一、儒学传统与科技发展

（一）儒家经典中的科技知识

论及儒学，不能不讲儒家经典。据司马迁的《史记·孔子世家》记载，孔子所整理过的典籍主要有《诗》《书》《礼》《乐》《易》《春秋》。到了汉代，这些典籍除《乐经》亡失外均被称为“经”，所谓“五经”，就是儒家经典。

值得注意的是，《诗经》《尚书·尧典》《尚书·禹贡》《礼记·月令》，《周礼》以及其中的《考工记》，《易传》都包含着丰富的科技知识和科学思想。《诗经》中有不少诗篇包含了自然知识，涉及物候知识、动植物知识、地学知识、天文知识等。其中《豳风·七月》被当今科学史家认为“是一首物候诗”[①]。《尚书》中的《尧典》是古代重要的天文学著作，英国著名科技史家李约瑟称之为“中国官方天文学的基本宪章”[②]；《尚书》中的《禹贡》是古代重要的地理著作，李约瑟称之为“中国历史上最早出现的自然地理考察著作”[③]。《礼记》中的《月令》按照一年中季节的变化顺序，对各个季节的天象、物候等作了详细记述，对农事活动等也作了规定，包含了丰富的天文知识、物候知识以及农业科技方面的知识，而且开古代月令式农书之先河。《周礼》

①夏纬瑛、范楚玉：《〈诗经〉中反映的周代农业生产和技术》，李国豪等：《中国科技史探索》，上海古籍出版社，1982年，第643页。

②（英）李约瑟：《中国科学技术史》第四卷《天学》（第一分册），科学出版社，1975年，第42页。

③（英）李约瑟：《中国科学技术史》第五卷《地学》（第一分册），科学出版社，1976年，第14页。

中的许多论述涉及地学、生物学、农学、天文学等方面的知识。尤其是《周礼》中的《考工记》，它记述了古代手工业生产的设计规范、制造工艺等，是一部有关手工业技术规范的汇集。《易传》用阴阳八卦与易数论述天地万物的变化，用“三才之道”阐述天道、地道与人道和谐统一的“天人合一”思想。

（二）汉唐儒家对科技的研究

由于儒家经典中包含着丰富的科技知识，历代儒家学者在诠释经典时，必然要对其中的科技知识作进一步的研究，并且运用新的科技知识进行阐释、论证，并予以丰富和发展。正因为如此，历代都有儒家学者在诠释儒家经典、研究儒家学问的同时，探索天地自然、研究科技，尤其是重视对于天文历法的研究。为此，李约瑟甚至说：“天文和历法一直是‘正统’的儒家之学。”[①]

汉唐时期，有不少儒家学者对天文历法感兴趣，并有所研究。桓谭对天文学颇有研究，曾发现刻漏的度数随着环境的燥、湿、寒、温的变化而不同，因而认为，在昏、明、昼、夜的不同时候，刻漏的度数也不同[②]。在宇宙结构问题上，他反对盖天说，主张浑天说。扬雄对宇宙结构也很有兴趣。他接受浑天说，并且还提出“难盖天八事”[③]，对于后来浑天说取代盖天说的地位起到了重要的作用。在历法上，刘歆修订《太初历》而更名为《三统历》，实际上是用《周易》的数理解释历法，同时也包含了不少新的内容。《三统历》在中国古代历法的发展中具有很高的地位，被认为是“我国古代流传下来的一部完整的天文学著

---

①（英）李约瑟：《中国科学技术史》第四卷《天学》（第一分册），科学出版社，1975年，第2页。

②桓谭在《新论·离事》中说：“余前为郎，典刻漏，燥湿寒温辄异度，故有昏明昼夜。昼日参以晷景，夜分参以星宿，则得其正。”[（汉）桓谭：《新论》卷下《离事》，上海人民出版社，1977年，第44页]

③（唐）魏徵等：《隋书》（第二册）卷十九，中华书局，1982年，第506页。

作”，“世界上最早的天文年历的雏形”[1]。此外，东汉的贾逵在天文学上颇有造诣，他所参与修订的东汉四分历比以往各家历法有了显著的进步；蔡邕参与补续《律历志》，并根据史官所用铜仪，推断其中的道理；隋朝的刘焯所撰《皇极历》把古代历法向数学化、精密化和合理化的方向推进了一大步，促进了中国古代天文历法的发展。

还需指出的是，历代经学家在传注儒家经典时，还对其中所包含的科技知识作了进一步发挥。汉代的孟喜把《周易》六十四卦与二十四节气以及《月令》有关物候的知识结合在一起，提出“卦气说”。崔寔撰著了一部在轮廓与内容的编排上与《月令》大致相同的农学著作《四民月令》，这是中国古农书中“农家月令书”的最早代表。三国时的陆机治《毛诗》，著《毛诗草木鸟兽虫鱼疏》，将《诗经》中所提到的动植物罗列出来，并通过自己的实地观察研究，对动植物的形态、种群生态、地理分布等都作了翔实的描述，形成了一部古典博物学著作。此外，大致形成于汉代的释经之书《尔雅》，其后半部分的《释草》《释木》《释虫》《释鱼》《释鸟》《释兽》《释畜》包含了丰富的动植物分类的知识。显然，儒家学者的这些研究对于汉唐时期的科技发展起了重要的作用。

（三）宋代科技的发展

中国古代科技的发展，在宋代达到了高峰。这既是中国科技的高峰，也是当时世界科技的高峰。重要的是，这一时期的科学家在以往对自然现象作出直观描述的基础上，开始探讨其深层的、规律性的东西，从知其然深入到知其所以然，具体表现为科学家对“自然之理”的探讨。

与张载同一时期的重要科学家沈括，在科学技术的诸多领域均有建树。在天文历法上，他进一步改制了浑仪、浮漏和景表三种天文仪器，

①陈遵妫：《中国天文学史》(第三册)，上海人民出版社，1984年，第1430页。

并且还运用所改进的仪器进行天文观测，得出了冬至日行一周而刻漏超过百刻、夏至日行一周而刻漏不及百刻的结论，写成了《熙宁晷漏》；在历法上，他提出制定“十二气历”，这是以二十四节气为基础，以太阳视运动为计算依据的阳历。在数学上，沈括提出了求解垛积问题的“隙积术”和已知弓形的圆径与矢高求弧长的“会圆术”。在物理学上，他发现了磁针不完全指南的磁偏角现象，并且做过凹面镜成像实验和声音共振实验，对海市蜃楼、虹、雷电等也进行过研究。在地学上，他用流水侵蚀作用解释雁荡山以及其它奇特地貌的成因，用河流泥沙淤积作用解释华北平原的成因，并且他还制成木质立体地图，绘制成全国性地图。此外，在医药学上，他也颇有成就。

沈括不仅取得了重要的科学成果，而且非常重视从所观察的自然现象中把握“自然之理”。在他看来，自然界的事物都包含着“理”。他说：“大凡物有定形，形有真数……非深知造算之理者，不能与其微也。”① 还说：“五运六气，冬寒夏暑，旸雨雷雹，鬼灵厌蛊，甘苦寒温之节，后先胜复之用，此天理也。”② 在解释《禹贡》所云“彭蠡既潴，阳鸟攸居；三江既入，震泽底定”时，沈括说：“盖三江之水无所入，则震泽壅而为害；三江之水有所入，然后震泽底定，此水之理也。”③ 在讨论乐律时，沈括说：“此皆天理不可易者。古人以为难知，盖不深索之。听其声，求其义，考其序，无毫发可移，此所谓天理也。”④ 基于对“自然之理”的认识，沈括在研究自然现象时不是满足于简单的描述，而是要进一步把握现象背后的自然规律，这就是要“原其理”。他在考察了雁荡山奇特地貌后说：“予观雁荡诸峰，皆峭拔险

---

①（宋）沈括：《梦溪笔谈》卷七《象数一》，胡道静：《梦溪笔谈校正》（上），上海古籍出版社，1987年，第304～305页。

②（宋）沈括：《苏沈良方•原序》，上海科学技术出版社，2003年，第1页。

③（宋）沈括：《梦溪笔谈》卷四《辩证二》，胡道静：《梦溪笔谈校正》（上），上海古籍出版社，1987年，第173页。

④（宋）沈括：《梦溪笔谈》卷五《乐律一》，胡道静：《梦溪笔谈校正》（上），上海古籍出版社，1987年，第215页。

怪，上耸千尺，穹崖巨谷，不类他山，皆包在诸谷中。自岭外望之，都无所见；至谷中，则森然干霄。原其理，当是为谷中大水冲激，沙土尽去，唯巨石岿然挺立耳。”[①] 他在解释巫咸河水与卤水调配“盐不复结”的原因时说：“原其理，盖巫咸乃浊水，入卤中，则淤淀卤脉，盐遂不成。”[②] 显然，沈括的科学研究已不只是单纯的描述自然现象，进行经验性的记录，而且还在于通过对自然现象的分析研究，试图推断其中的“理”。

（四）北宋儒家对科技的研究

与宋代科技的高度发展相对应，北宋儒学也得到了巨大发展。重要的是，北宋儒学在以往学术发展的基础上逐步形成了与汉代儒学注重章句、训诂、注疏、考证不同的义理之学，又称“新儒学”。先是欧阳修对儒家经典的作者以及注疏的大胆怀疑，并根据自己的诠释，创立了义理之学；继而，被称为“宋初三先生”的胡瑗、孙复、石介也直接从儒家经典本身来理解和发挥经学的义理；范仲淹则通过推行庆历新政，改革科举，兴办学校，使儒学得以逐步复兴，因而成为宋学初创时期的领头人。此后，宋学进入了新的发展时期，至北宋中期，进一步形成了以王安石为代表的荆公新学，以司马光为代表的温公学派，以苏轼为代表的蜀学派，以及以周敦颐濂学、邵雍象数学、张载关学、二程洛学为代表的理学。其中理学一派，一直发展至南宋，由朱熹集大成，而成为宋代儒学的主流。

需要指出的是，北宋儒者的学术旨在以天地自然为依据，建立儒学的形而上学基础，因此，他们大都对自然知识、科技知识感兴趣。北宋儒家范仲淹非常重视医学，他说：“夫能行救人利物之心者，莫如良

---

①（宋）沈括：《梦溪笔谈》卷二十四《杂志一》，胡道静：《梦溪笔谈校正》（下），上海古籍出版社，1987年，第762页。

②（宋）沈括：《梦溪笔谈》卷三《辩证一》，胡道静：《梦溪笔谈校正》（上），上海古籍出版社，1987年，第127页。

医。果能为良医也，上以疗君亲之疾，下以救贫民之厄，中以保命长年。在下而能及小大生民者，舍夫良医，则未之有也。”[①] 这段言论后来被概括为“不为良相，愿为良医”的口号而广泛流传。胡瑗主张学校要教授实用的知识，包括治民、治兵、水利、历算等学科[②]。欧阳修撰《洛阳牡丹记》，被认为是我国现存最早的牡丹专著[③]。此外欧阳修还撰有《砚谱》等科技类著作。王安石“自百家诸子之书，至于《难经》《素问》《本草》诸小说，无所不读，农夫、女工，无所不问”[④]。司马光学问渊博，“于学无所不通，音乐、律历、天文、书数，皆极其妙”[⑤]。他也撰写过科技类著作，有《历年图》七卷、《通历》八十卷、《游山行记》十二卷、《医问》七篇等[⑥]。苏轼对自然现象、对科技知识有着广泛的兴趣。《苏轼文集》中收有《草木饮食》，其中涉及不少自然知识和科技知识；此外，苏轼对医学、养生学也有着很大的兴趣。[⑦]

北宋儒学的理学一派，对天地自然万物颇为关注。周敦颐的《太极图说》通过诠释《周易•系辞上》的“易有太极，是生两仪，两仪生四象，四象生八卦”，吸收传统的阴阳五行说，运用“太极”“阴阳”“五行”等抽象概念，表述了整个宇宙源于太极并由太极化生阴阳、五行、万物的宇宙论。邵雍观天地之消长，推日月之盈缩，考阴阳之度数，察刚柔之形体，通过象数之学，建构了一个以太极为本原并由此产生出阴阳进而化生万物、万物又复归于阴阳最终归于太极的宇宙图式。同时，他还根据阴阳动静叙述了自然界万事万物生成变化的具体过程。而且，他对天体结构也进行了深入探讨，对天文历法多有研究。二程发

①（宋）吴曾：《能改斋漫录》卷十三《文正公愿为良医》，文渊阁四库全书本。
②参见乐爱国：《宋代的儒学与科学》，中国科学技术出版社，2007年，第13页。
③罗桂环、汪子春：《中国科学技术史•生物学卷》，科学出版社，2005年，第212～213页。
④（宋）王安石：《临川先生文集》卷七十三《答曾子固书》，四部丛刊初编本。
⑤（宋）王称：《东都事略》卷八十七《司马光传下》，文渊阁四库全书本。
⑥（清）黄宗羲、全祖望：《宋元学案》（第一册）卷七《涑水学案上》，中华书局，1986年，第278～279页。
⑦参见乐爱国：《宋代的儒学与科学》，中国科学技术出版社，2007年，第35～36页。

挥孔子“多识于鸟兽草木之名”的思想，要求格一草一木，并且对自然界的事物作了较多的研究，在天文、气象等方面多有论述。二程说：“天地之中，理必相直，则四边当有空阙处。空阙处如何，地之下岂无天？今所谓地者，特于天中一物尔。如云气之聚，以其久而不散也，故为对。凡地动者，只是气动。凡所指地者，只是土，土亦一物尔，不可言地。”[①] 认为地为“气”聚而成，为“天中一物”。二程还认为，天地的变化都是由于阴阳变化所造成的，指出：“天地阴阳之变，便如二扇磨，升降盈亏刚柔，初未尝停息，阳常盈，阴常亏，故便不齐。譬如磨既行，齿都不齐，即不齐，便生出万变。”[②]“天地之化，既是二物，必动已不齐。譬之两扇磨行，便其齿齐，不得齿齐。既动，则物之出者，何可得齐？转则齿更不复得齐。从此参差万变，巧历不能穷也。”[③] 在二程看来，阴阳变化“不齐”，就有了相互作用，“阴阳之交相摩轧，八方之气相推荡，雷霆以动之，风雨以润之，日月运行，寒暑相推，而成造化之功。”[④] 此外，二程还用阴阳变化来解释各种自然现象。

正是在儒家重视自然知识的传统以及宋代科技和儒学发展的背景下，张载立下“为天地立心，为生民立命，为往圣继绝学，为万世开太平”的宏愿，并开始了对于自然的探索。尤其是，在其学术生涯中，他与对自然界事物较有研究的大儒邵雍和二程交往颇多。张载曾有《诗上尧夫先生兼寄伯淳正叔》，邵雍亦有《和凤翔横渠张子厚学士亡后篇》。[⑤] 张载是二程的表叔，他们常在一起讨论学术，互相影响是不言而喻的，当然也有学术观点上的分歧。另外，有学者认为，二程的舅舅侯可很可能是张载的师承，而侯可“博物强记，于礼之制度、乐之形

①《河南程氏遗书》卷二下，《二程集》（第一册），中华书局，1981年，第55页。
②《河南程氏遗书》卷二上，《二程集》（第一册），中华书局，1981年，第32～33页。
③《河南程氏遗书》卷二上，《二程集》（第一册），中华书局，1981年，第31页。
④《河南程氏经说》卷一，《二程集》（第四册），中华书局，1981年，第1027页。
⑤《张载集·文集佚存》，中华书局，1978年，第370页。

声、《诗》之比兴、《易》之象数、天文地理、阴阳气运、医算之学，无不所究”[①]。据张载门人范育所说，张载在辞去崇文院校书职务回乡著述讲学期间，“潜心天地，参圣学之源，七年而道益明，德益尊”；其间所著《正蒙》，“高者抑之，卑者举之，虚者实之，碍者通之，众者一之，合者散之。要之立乎大中至正之矩。天之所以运，地之所以载，日月之所以明，鬼神之所以幽，风云之所以变，江河之所以流，物理以辨，人伦以正”[②]。可见，在张载的学术研究中，对于自然天地的探索是其重要的内容。

二、旨在“为天地立心”

（一）儒家的“天人合一”

儒家讲“人道”，同时又讲“天人合一”，把人道观与天道观结合起来，并以天道观为理论依据，推天道以明人事。儒家讲“天人合一”，在《中庸》中已见端倪。《中庸》说：“天命之谓性，率性之谓道”；“诚者，天之道；诚之者，人之道。”用“诚”把天道与人道统一起来。《易传》讲“三才之道”，全面阐述了儒家的“天人合一”的思想，明确提出了天道、地道与人道相互统一的思想。《周易·系辞下》说：“《易》之为书也，广大悉备，有天道焉，有人道焉，有地道焉。兼三才而两之，故六；六者非它也，三才之道也。”所谓“三才”，就是天、地、人；在卦象的六爻中，上两爻为天道，下两爻为地道，中间两爻为人道。《说卦

①陈俊民：《张载哲学思想及关学学派》，人民出版社，1986年，第10～11页。

②《正蒙·范育序》，《张载集》，中华书局，1978年，第4～5页。

传》进一步说："昔者圣人之作《易》也，将以顺性命之理。是以立天之道，曰阴与阳；立地之道，曰柔与刚；立人之道，曰仁与义。兼三才而两之，故《易》六画而成卦。"《易传》认为，在《易》中，天道的阴与阳、地道的柔与刚和人道的仁与义都统一于六爻的卦象之中，天道、地道与人道是和谐统一的。

北宋理学家更是大讲"天人合一"。周敦颐的《太极图说》在论述宇宙源于太极并由太极化生阴阳、五行、万物的宇宙论之后，又进一步推演出他的人道观："惟人也，得其秀而最灵。形既生矣，神发知矣，五性感动，而善恶分，万事出矣。圣人定之以中正仁义，而主静，立人极焉。"[①]与周敦颐一样，邵雍也把对宇宙的认识与他的人道观联系在一起，并作为人道观的基础。他说："《易》曰：'穷理尽性以至于命。'所以谓之理者，物之理也；所以谓之性者，天之性也；所以谓之命者，处理性者也；所以能处理性者，非道而何？是知道为天地之本，天地为万物之本。"[②]他又说："天使我有是之谓命，命之在我之谓性，性之在物之谓理。理穷而后知性，性尽而后知命，命知而后知至。"[③]也就是说，道在于万物为理，即"物之理"，道在于人则为性，即人之性；从认识的过程看，首先要懂得天地万物之理，然后才能知性、知命。二程说："天人本无二，不必言合。"[④]"在天为命，在义为理，在人为性，主于身为心，其实一也。"[⑤]同时，二程又认为，天人统一于"理"，并且指出："有道有理，天人一也，更不分别。"[⑥]"所以谓万物一体者，皆有此理，只为从那里来。"[⑦]所以，"一人之心即天地之心，一物之理即万物之理"[⑧]。

张载的学术，以《易》为宗，并且明确强调"天人合一"。他指

①《周敦颐集》卷一《太极图说》，中华书局，2009年，第6页。
②（宋）邵雍：《皇极经世书》卷十一《观物篇五十三》，文渊阁四库全书本。
③（宋）邵雍：《皇极经世书》卷十四《观物外篇下》，文渊阁四库全书本。
④《河南程氏遗书》卷六，《二程集》（第一册），中华书局，1981年，第81页。
⑤《河南程氏遗书》卷十八，《二程集》（第一册），中华书局，1981年，第204页。
⑥《河南程氏遗书》卷二上，《二程集》（第一册），中华书局，1981年，第20页。
⑦《河南程氏遗书》卷二上，《二程集》（第一册），中华书局，1981年，第33页。
⑧《河南程氏遗书》卷二上，《二程集》（第一册），中华书局，1981年，第13页。

出："天人合一，致学而可以成圣，得天而未始遗人。"[①] 认为做到了"天人合一"，就可以成为圣人，既能知天又能得人。而且，他所撰写的《易说》对《周易》的"天人合一"思想做了充分的发挥和细致的阐释。在诠释《周易·系辞》时，他指出：

> 《系》之为言，或说《易》书，或说天，或说人，卒归一道，盖不异术，故其参错而理则同也。[②]

在张载看来，《周易·系辞》诠释《易》书，把天和人归于同一道理，虽然天和人各不相同，但二者互相联系，遵循同样的法则。他还说：

> 天人不须强分，《易》言天道，则与人事一滚论之，若分别则（只）是薄乎云尔。自然人谋合，盖一体也。人谋之所经画，亦莫非天理(耳)。[③]

张载认为，天与人是一体的，不可分离的，《易》讲天道，与讲人事是相互统一的；若是有差别，那也只是晴空万里的薄云，微乎其微；所以人追求天人合一，那是因为天与人本是一体；对于天人合一的追求，也是合乎天理的。

如前所述，张载为学宗旨在于"为天地立心，为生民立命，为往圣继绝学，为万世开太平"。这四句的前两句，先讲天地，讲天地之道，同时又讲生民，讲人道，从"为天地立心"到"为生民立命"，二者相互统一，讲的就是《周易》从天道到人道的"天人合一"。而且，就其中"为天地立心"而言，亦体现了张载的"天人合一"。

（二）"为天地立心"

①（宋）张载：《正蒙·乾称篇》，《张载集》，中华书局，1978年，第65页。
②（宋）张载：《横渠易说·系辞上》，《张载集》，中华书局，1978年，第189页。
③（宋）张载：《横渠易说·系辞下》，《张载集》，中华书局，1978年，第232页。

张载的“为天地立心”，源自《周易·复·彖》。《周易·复》讲“反复其道，七日来复，利有攸往”。《彖》曰：“‘反复其道，七日来复’，天行也；‘利有攸往’，刚长也。复其见天地之心乎！”认为从天的有规律的周而复始可以见得天地之心。唐代孔颖达所撰《周易正义》诠释说：“‘复其见天地之心乎’者，此赞明《复》卦之义。天地养万物，以静为心，不为而物自为，不生而物自生，寂然不动，此天地之心也。此《复》卦之象。动息地中，雷在地下，息而不动，静寂之义，与天地之心相似。观此复象，乃‘见天地之心’也。天地非有主宰，何得有心？以人事之心，托天地以示法尔。”[①]在孔颖达看来，天地万物的自己生长、自己变化运动，这就是天地之心，而事实上，天地本身并没有主宰，也没有所谓的心，之所以讲天地之心，是为了依托天地而讲人事之心。

在《周易》中，不仅《复》卦讲“天地之心”，而且还有《咸》、《恒》、《大壮》等卦讲“天地之情”。对此，张载认为，天地既有内在的看不见的心，也有发自天地之心的天地之情，这就是天地万事万物的变化，这是人们所看得见的，并且可以描述出来。他说：

> 《复》言“天地之心”，《咸》、《恒》、《大壮》言“天地之情”。心，内也，其原在内时，则有形见，情则见于事也，故可得而名状。……大抵言“天地之心”者，天地之大德曰生，则以生物为本者，乃天地之心也。地雷见天地之心者，天地之心惟是生物，天地之大德曰生也。雷复于地中，却是生物。……天则无心无为，无所主宰，恒然如此。[②]

在张载看来，所谓“天地之心”，只是就天地生成自然万物而言，而这就是“天地之大德”；《复》卦上地下雷，讲“见天地之心”，同

①（魏）王弼、（晋）韩康伯、（唐）孔颖达等：《周易正义》卷三，（清）阮元：《十三经注疏》（上册），中华书局，1980年，第39页。

②（宋）张载：《横渠易说·上经》，《张载集》，中华书局，1978年，第113页。

样是讲天地生成自然万物，讲“天地之大德”；因为在事实上，天本身是无心无为、无所主宰的。张载还说：“天本无心，及其生成万物，则须归功于天，曰：此天地之仁也。”[1] 也就是说，我们可以把自然万物的生成，归功于天，这是天地的仁德，但“天本无心”。

由于“天本无心”，所以，天也不会思虑忧患。张载还在诠释《周易·系辞上》所言“鼓万物而不与圣人同忧”时指出：

> 神则不屈，无复回易，“鼓万物而不与圣人同忧”，此直谓天也。天则无心，神可以不诎，圣人则岂忘思虑忧患？虽圣亦人耳，焉得遂欲如天之神，庸不害于其事？圣人苟不用思虑忧患以经世，则何用圣人？天治自足矣。圣人所以有忧者，圣人之仁也；不可以忧言者，天也。盖圣人成能，所以异于天也。[2]

在张载看来，“天本无心”，所以天不会思虑忧患，但圣人不可没有思虑忧患，这是圣人与天的不同之处。他还说：

> 天惟运动一气，鼓万物而生，无心以恤物。圣人则有忧患，不得似天。天地设位，圣人成能。圣人主天地之物，又智周乎万物而道济天下，必也为之经营，不可以有（忧）付之无忧。[3]

在张载看来，圣人不得像天那样而没有忧患，为了要“主天地之物，又智周乎万物而道济天下”，就得要为天地立“心”。

对于张载所讲的“为天地立心”，现代哲学家冯友兰说：“天地是没有心的，但人生于其间，人是有心的，人的心也就是天地的心了。换句话说，物质的世界是没有思维的，人的脑子是物质组织的最高形式。

---

①（宋）张载：《经学理窟》，《张载集》，中华书局，1978年，第266页。
②（宋）张载：《横渠易说·系辞上》，《张载集》，中华书局，1978年，第189页。
③（宋）张载：《横渠易说·系辞上》，《张载集》，中华书局，1978年，第185页。

脑子的活动是思维，思维也是物质活动的产物了。人为万物之灵，灵就灵在他能思维，他有心。‘为天地立心’，就是把人的思维能力发展到最高的限度，天地间的事物和规律得到最多和最高理解。”[①] 也就是说，“为天地立心”，实际上就是要对天地自然万物及其变化有一个规律性的认识和理解。

由此可见，张载讲“为天地立心”，包含了两层意思：其一，“天本无心”，所谓“天地之心”，实际上只是讲天地生成自然万物；其二，“天本无心”，所以要“为天地立心”，就是要对天地自然万物及其变化有一个规律性的认识和理解，从而使我们感觉到天地自然万物及其变化有其规律性。

（三）如何“为天地立心”

张载讲“为天地立心”，那么，如何“为天地立心”呢？换言之，如何才能对天地自然万物及其变化有一个规律性的认识和理解呢？《孟子》曾经指出：“尽其心者，知其性也；知其性，则知天矣。”认为要对天地自然万物及其变化有一个规律性的认识和理解，首先必须“尽心”；从“尽心”出发，以达到“知天”。对于《孟子》的这一思想，张载作了进一步阐释，指出：

> 大其心则能体天下之物，物有未体，则心为有外。世人之心，止于闻见之狭。圣人尽性，不以见闻梏其心，其视天下无一物非我，孟子谓尽心则知性知天以此。天大无外，故有外之心不足以合天心。[②]

在张载看来，要对天地自然万物及其变化有一个规律性的认识和理解，就要“大其心”，就是要以人的心去体悟天下的事物，而不是仅仅停留于事物表面的所见所闻，不以狭隘的见闻束缚于心，与此相反，如

①冯友兰：《中国哲学史新编》（下），人民出版社，1999年，第159页。
②（宋）张载：《正蒙·大心篇》，《张载集》，中华书局，1978年，第24页。

果仅仅限于狭隘的闻见，人心与外部事物就有隔阂，就无法体悟天下的事物，就不足以“合天心”。

张载不仅强调“大其心”，用心去体悟天下的事物，而且还特别强调“穷理”，或者说，用心去体悟天下的事物，离不开对于天下事物的深入研究。他说：

> 尽天（下）之物，且未须道穷理，只是人寻常据所闻，有拘管局杀心，便以此为心，如此则耳目安能尽天下之物？尽耳目之才，如是而已。须知耳目外更有物，尽得物方去穷理，尽（心）了（心）。[①]

在张载看来，要穷尽天下之物而“知天”，就必须对天下事物作深入的研究，不可为闻见所拘，而要突破耳目的局限，就必须“穷理”，否则，又怎么能够尽天下之物呢？所以，对天下事物作深入的研究，不受耳目闻见的束缚，就是《孟子》所讲的“尽心”。张载还说：

> 言尽物者，据其大总也。今言尽物且未说到穷理，但恐以闻见为心则不足以尽心。人本无心，因物为心，若只以闻见为心，但恐小却心。今盈天地之间者皆物也，如只据己之闻见，所接几何，安能尽天下之物？所以欲尽其心也。穷理则其间细微甚有分别，至如偏乐，其始亦但知其大总，更去其间比较，方尽其细理。若便谓推类，以穷理为尽物，则是亦但据闻见上推类，却闻见安能尽物!今所言尽物，盖欲尽心耳。[②]

在张载看来，对天下事物作深入的研究，不是简单的根据闻见进行推类，而是要“穷理”，而穷理，又必须“尽心”，不能“以闻见为心”。

因此，在张载看来，要对天地自然万物及其变化有一个规律性的

---

①（宋）张载：《张子语录上》，《张载集》，中华书局，1978年，第311页。
②（宋）张载：《张子语录下》，《张载集》，中华书局，1978年，第333页。

认识和理解，既要“尽心”，用心去体悟天下的事物，同时又要“穷理”，对天下事物作深入的研究；而“穷理”又必须不受耳目闻见的束缚，必须“尽心”。这就把“穷理”与“尽心”统一起来。

由此可见，张载讲“为天地立心”，并不是要把止于闻见的“世人之心”任意外在地强加于天地，而是要通过“尽心”、“穷理”，以达到对于天地自然万物及其变化的规律性的认识和理解；就是要通过对于天地自然的深入探索和思考，形成对于天地自然的本质规律的认识；也就是说，要“为天地立心”，就要对天地自然之道进行深入的探索。

需要指出的是，张载从儒家“天人合一”出发，讲“为天地立心”，要求对天地自然万物及其变化有一个规律性的认识和理解，与他讲“为生民立命”，要求对人的本性以及人道有一个深入的认识和理解，二者是相互统一的，也就是说，“为生民立命”，必须以“为天地立心”为基础。所以，无论是“为天地立心”，还是“为生民立命”，都必须首先深入探索天地自然之道。

三、“立大本，斥异学”

（一）“为往圣继绝学”

除了“为天地立心，为生民立命”，张载为学的另一个宗旨就是“为往圣继绝学”。唐代韩愈在其《原道》中指出：“斯吾所谓道也，非向所谓老与佛之道也。尧以是传之舜，舜以是传之禹，禹以是传之汤，汤以是传之文、武、周公，文、武、周公传之孔子，孔子传之孟轲。轲之死，不得其传焉。”[①] 认为儒学道统自尧、舜、禹传至孔子、孟子，而后成为绝学。张载讲“为往圣继绝学”，就是要继承自孔孟之后所中断的儒学道统。

对此，张载门人范育在《正蒙》序中说：

> 自孔孟没，学绝道丧千有余年，处士横议，异端间作，若浮屠老子之书，天下共传，与“六经”并行。而其徒侈其说，以为大道精微之理，儒家之所不能谈，必取吾书为正。世之儒者亦自许曰：“吾之‘六经’未尝语也，孔孟未尝及也。”从而信其书，宗其道，天下靡然同风，无敢质疑于其间，况能奋一朝之辩，而与之较是非曲直乎哉！子张子独以命世之宏才，旷古之绝识，参之以博闻强记之学，质之以稽天穷地之思，与尧、舜、孔、孟合德乎数千载之间。闵乎道之不明，斯人之迷且病，天下之理泯然其将灭也，故为此言与浮屠

①《朱文公校昌黎先生文集》卷十一《原道》，四部丛刊初编本。

老子辩，夫岂好异乎哉？盖不得已也。[①]

范育认为，孔孟之后的千余年间，出现过各种各样的异端，佛教和老子之书到处流传，与儒家“六经”并行；尤其是，后世学者以为儒家不讲“大道精微之理”，因而推崇佛、老之学，以至于天下“信其书，宗其道”而“靡然同风”，从而使儒学道统“学绝道丧”，所以，张载提出“为往圣继绝学”，接续尧、舜、孔、孟的儒学道统，首先就必须对佛、老之学做出批判。这就是他所谓的“立大本，斥异学”[②]。

需要指出的是，张载在对佛、老之学的批判中，还特别“参之以博闻强记之学，质之以稽天穷地之思”，其中也包括了对于天地自然的探索。由此可见，在张载那里，不仅“为天地立心，为生民立命”需要首先深入探索天地自然之道，而且，“为往圣继绝学”，“立大本，斥异学”，也必须以对天地自然的探索为依据。

（二）批评佛、老之学

张载认为，儒学道统自孔子、孟子之后绝而不传，与佛、老之学的盛行有直接关系。关于佛教及其危害，他说：

> 自其说炽传中国，儒者未容窥圣学门墙，已为引取，沦胥其间，指为大道。（乃）其俗达之天下，至善恶、知愚、男女、臧获，人人著信，使英才间气，生则溺耳目恬习之事，长则师世儒宗尚之言，遂冥然被驱，因谓圣人可不修而至，大道可不学而知。故未识圣人心，已谓不必求其迹；未见君子志，已谓不必事其文。此人伦所以不察，庶物所以不明，治所以忽，德所以乱，异言满耳，上无礼以防其伪，下无学以稽其弊。[③]

①《正蒙•范育序》，《张载集》，中华书局，1978年，第4～5页。

②《吕大临横渠先生行状》，《张载集》，中华书局，1978年，第383页。

③（宋）张载：《正蒙•乾称篇》，《张载集》，中华书局，1978年，第64页。

在张载看来，自从佛学传到中国之后，许多儒生还没来得及进入圣学之门，就被佛学吸引过去，沉溺于其中，甚至误以为那就是大道；尤其是，随着佛教传播于天下，人人都执著地信奉佛教的学说思想，那些有天赋的英才从小就耳濡目染，习以为常，长大后像世儒那样，推崇佛教的言论，不知不觉地被赶了进去，并且声称不用修习儒学就可以成圣人，不用学习儒家经典就可以知大道。所以，这些人根本还不知道什么是圣人之心，就说不一定要像圣人那样行事；还不知道什么是君子之志，就说不一定要像君子那样有美德；结果，造成政治败坏，道德混乱，胡言乱语满天飞。

对此，张载提出严厉的批评，他说：

> 语天道性命者，不罔于恍惚梦幻，则定以"有生于无"，为穷高极微之论。入德之途，不知择术而求，多见其蔽于诐而陷于淫矣。①

张载认为，那些大讲天道性命的俗儒，不是迷茫于佛学的恍惚梦幻，就是陷于老子的"有生于无"，还自以为是最高明而精微的理论；所以，在进德修业的道路上，如果不懂得选择，那么往往就会被蒙蔽而陷于荒谬。为此，张载特别强调儒学与佛、老的区别，以为佛、老"与吾儒二本殊归"②。

对于佛、老之学的批判，张载主要是依据他的"太虚即气"的自然观。他说：

> 太虚不能无气，气不能不聚而为万物，万物不能不散而为太虚。循是出入，是皆不得已而然也。然则圣人尽道其间，兼体而不累者，存神其至矣。彼语寂灭者（指佛教）往而不反，徇生执有者（指道教）物而不化，二者虽有间矣，以言乎失道

①（宋）张载：《正蒙•太和篇》，《张载集》，中华书局，1978年，第8页。
②（宋）张载：《正蒙•乾称篇》，《张载集》，中华书局，1978年，第65页。

则均焉。①

在张载看来，宇宙空间充满着“气”，“气”聚合而形成万物，万物消散而回归“气”，人之生死，也无非“气”之聚散；而那些佛教僧侣只讲一切为空，不懂得“气不能不聚而为万物”；道教求长生而不死，不懂得“万物不能不散而为太虚”；二者所说都有悖于道。

张载还说：

> 知虚空即气，则有无、隐显、神化、性命通一无二，顾聚散、出入、形不形，能推本所从来，则深于《易》者也。若谓虚能生气，则虚无穷，气有限，体用殊绝，入老氏“有生于无”自然之论，不识所谓有无混一之常；若谓万象为太虚中所见之物，则物与虚不相资，形自形，性自性，形性、天人不相待而有，陷于浮屠以山河大地为见病之说。此道不明，正由懵者略知体虚空为性，不知本天道为用，反以人见之小因缘天地。明有不尽，则诬世界乾坤为幻化。幽明不能举其要，遂躐等妄意而然。不悟一阴一阳范围天地、通乎昼夜、三极大中之矩，遂使儒、佛、老、庄混然一涂。②

张载认为，如果能够明白宇宙空间充满着“气”，那么就能通过“气”的聚和散，知道万物的有无、隐显的统一，才能真正明白《易》所讲的宇宙间万事万物变化的道理；至于老子讲“有生于无”以及道家讲“虚能生气”，是把“虚”看成无限的，把“气”看作有限的，将“体”与“用”截然割裂，因而不了解“有”与“无”的相互统一；而佛教讲“空”，把山河大地看作幻觉，则是将“形”与“性”相互分离，也是将“体”与“用”割裂开来；所以，这两派都只是讲以虚空为“体”，不讲天道之“用”，仅凭着人的粗浅感觉，把宇宙天地说成是

①（宋）张载：《正蒙·太和篇》，《张载集》，中华书局，1978年，第7页。
②（宋）张载：《正蒙·太和篇》，《张载集》，中华书局，1978年，第8页。

幻化，完全是随意妄言。张载还认为，如果不知道阴阳之“气”充满天地，贯穿昼夜，是天、地、人三者普遍的法则，那么就会把儒学与佛、老、庄混为一谈。

需要指出的是，张载以“体用”关系展开对佛教讲“空”、老子讲“有生于无”、道家讲“虚能生气”的批判，被认为是“自孟子以来，未之有也”[①]；而且，这一批判是以他提出的“太虚即气”、“虚空即气”的自然观为依据的。显然，要建构起这样的自然观，就必须展开对天地自然的深入探索。

（三）“知天”与“穷理”

张载要拒斥的异学，除了佛、老之学，还包括以往的汉唐儒学。他说：“知人而不知天，求为贤人而不求为圣人，此秦汉以来学者大蔽也。”[②] 认为汉唐儒学只讲“知人”，讲人道，而不讲“知天”，不讲天道。所以，他非常强调“知天”，因而要求对天地自然做出深入的探索。他甚至说：“天道即性也，故思知人（者）不可不知天，能知天斯（能）知人矣。”[③] 认为要知人，首先要知天；只有知天，才能知人。他还说：

> 乾坤，天地也；《易》，造化也。圣人之意莫先乎要识造化，既识造化，然后（其)理可穷。彼惟不识造化，以为幻妄也。不见《易》则何以知天道？不知（天）道则何以语性？[④]

在张载看来，《易》讲天地变化，只有先认识天地变化，明白天地之道，才能讲人性。这就是所谓“穷理尽性以至于命”。

张载强调知天，要求穷理，并且认为应当“先穷理而后尽性”[⑤]。

---

①《吕大临横渠先生行状》，《张载集》，中华书局，1978年，第383页。

②（元）脱脱等：《宋史》卷四百二十七《道学一》，中华书局，1985年，第12724页。

③（宋）张载：《横渠易说•说卦》，《张载集》，中华书局，1978年，第234页。

④（宋）张载：《横渠易说•系辞上》，《张载集》，中华书局，1978年，第206页。

⑤（宋）张载：《横渠易说•说卦》，《张载集》，中华书局，1978年，第234页。

他还说：

> 穷理亦当有渐，见物多，穷理多，从此就约，尽人之性，尽物之性。天下之理无穷，立天理乃各有区处，穷（理）尽性，言性已是近人言也。既穷（物）理，又尽（人）性，然后能至于命，命则又就已而言之也。①

在张载看来，儒学首先是要知天，穷究物之理，探索天地之道，只有在这基础上才能知人，尽人之性，然后达到知性命，实现“天人合一”。这就是儒学的圣人之道，是张载所要继承的往圣绝学，同时，这也是儒学区别于佛学的根本之所在。

张载还说：

> 彼语虽似是，观其发本要归，与吾儒二本殊归矣。道一而已，此是则彼非，此非则彼是，固不当同日而语……大率知昼夜、阴阳则能（知）性命，能知性命则能知圣人，知鬼神。彼欲直语太虚，不以昼夜、阴阳累其心，则是未始见易，未始见易，则虽欲免阴阳、昼夜之累，末由也已。②

张载认为，佛学所说虽然好像是对的，但归根结底，与儒学是完全不同的；真理只有一个，要不是我对你错，要不就是我错你对，二者不可同日而语。一般而言，通过“知昼夜、阴阳”，就能达到“知性命”，能“知性命”，就能知圣人，知鬼神；而佛学既讲“太虚”，又不用心去考察昼夜、阴阳，这是不懂得变易的道理；不懂变易的道理，又不用心去考察昼夜、阴阳，那是行不通的。张载还说：

> 释氏妄意天性而不知范围天用，反以六根之微因缘天地。明不能尽，则诬天地日月为幻妄，蔽其用于一身之小，溺其志

①（宋）张载：《横渠易说·说卦》，《张载集》，中华书局，1978年，第235页。
②（宋）张载：《正蒙·乾称篇》，《张载集》，中华书局，1978年，第65页。

于虚空之大，所以语大语小，流遁失中。其过于大也，尘芥六合；其蔽于小也，梦幻人世。谓之穷理可乎？不知穷理而谓尽性可乎？①

在张载看来，佛学肆意猜度天的本性，不是从作为天道之“用”的自然现象出发，而是凭着人的小小感官去感觉，把天地日月诬为幻妄，从而把天地看作如尘芥一样微小，把人生看作梦境一样虚幻，这是由于不穷理，当然也不可能尽性，完全了解天之性。因此，他说：

儒者穷理，故率性可以谓之道。浮屠不知穷理而自谓之性，故其说不可推而行。②

万物皆有理，若不知穷理，如梦过一生。释氏便不穷理，皆以为见病所致。庄生尽能明理，反至穷极亦以为梦，故称孔子与颜渊语曰“吾与尔皆梦也”，盖不知《易》之穷理也。③

张载认为，儒家讲穷理，因而可以根据天道而知人道；佛教不讲穷理，以为万物皆“空”；道家虽能明理，但反对穷究，事实上也是不知穷理。所以，在张载看来，要“立大本，斥异学”，最重要的是要穷理，穷天地自然之理，探索自然之道。

通过以上分析可以看出，在宋代科技和儒学发展的背景下，张载继承儒家的“天人合一”思想，提出“为天地立心，为生民立命，为往圣继绝学，为万世开太平”，并在实践这一宏愿的过程中，努力探索天地自然、穷究万物之理，深入把握天地自然万物及其变化规律，不仅在儒学方面“立大本，斥异学”，有诸多创建，而且还发扬了儒家的重视自然知识的传统，并在自然研究和科学探索方面取得了重要成就。

①（宋）张载：《正蒙·大心篇》，《张载集》，中华书局，1978年，第26页。
②（宋）张载：《正蒙·中正篇》，《张载集》，中华书局，1978年，第31页。
③（宋）张载：《张子语录中》，《张载集》，中华书局，1978年，第321页。

第二章

气、自然万物和虚空

——以天地自然为根据

宋代儒家以探讨义理为旨趣，并且热衷于研究宇宙天地之间万事万物一以贯之的根本道理，探讨宇宙之本体。北宋的周敦颐、邵雍都以“太极”为宇宙本体，二程则以“理”为宇宙本体，建构了自然观。与之不同，张载以“气”为宇宙本体，认为宇宙天地之间的万事万物，无论是有形的，还是无形的，甚至是广大无垠的虚空，皆是“气”，是“气”之聚散。而且，无形的太虚充满着“气”，虚而无形是“气”之“体”，聚散变化是“气”之“用”。正是通过这些基本概念，张载发展出了他的气本论，并由此进一步论证宇宙天地万物由“太和”之气所生成，从而建构了以“气”为核心的自然观体系。

一、“气”与自然万物

（一）什么是“气”

张载讲“气”，什么是“气”呢？“气”原指云气、水气、烟气以及呼吸之气等诸如此类的可以感觉到的物质。后来，随着“阴”“阳”概念的产生，有了“阴气”“阳气”的说法。据《国语•周语上》所载，西周末年，伯阳父曾提出：“夫天地之气，不失其序；若过其序，民乱之也。阳伏而不能出，阴迫而不能烝，于是有地震。”这里的“阴”和“阳”，就是指阴气和阳气；以为天地之中有阴阳二气，而且有“序”；若“过其序”则会发生地震。显然，在当时，“气”已经被看作自然天地万物中最基本的构成元素，决定着事物的存在和变化。这

种对于“气”的理解，实际上影响着后来中国古代学术思想的发展。

春秋时期老子《道德经》讲“万物负阴而抱阳，冲气以为和”，明确认为万物由阴阳二气构成。孔子也讲“气”。据《论语•季氏》所载，孔子说：“君子有三戒：少之时，血气未定，戒之在色；及其壮也，血气方刚，戒之在斗；及其老也，血气既衰，戒之在得。”这里讲“血气”。

战国中期，讲“气”的，主有三大家。据《孟子•公孙丑上》所载，孟子讲“浩然之气”，说：“其为气也，至大至刚，以直养而无害，则塞于天地之间。其为气也，配义与道；无是，馁也。”孟子的“浩然之气”既是物质之气，也是精神之气。《庄子•知北游》说：“人之生，气之聚也。聚则为生，散则为死……通天下一气耳。”《管子•内业》说：“凡物之精，此（比）则为生；下生五谷，上为列星；流于天地之间，谓之鬼神；藏于胸中，谓之圣人；是故名气。”这里的“精”，就是指精气，以为万物由精气结合而生成。

战国末期，《荀子•王制》说：“水火有气而无生，草木有生而无知，禽兽有知而无义，人有气、有生、有知，亦且有义，故最为天下贵也。”《周易•咸•彖》说：“二气感应以相与”“天地感而万物化生”。《周易•系辞下》说：“天地细缊，万物化醇；男女构精，万物化生。”认为天地阴阳二气相互感应、融合而化生万物。

汉代的《淮南子•天文训》讲“阴阳合和而万物生”。董仲舒所编撰的《春秋繁露•五行相生》说：“天地之气，合而为一，分为阴阳，判为四时，列为五行。”《春秋繁露•循天之道》说：“春气生而百物皆出，夏气养而百物皆长，秋气杀而百物皆死，冬气收而百物皆藏。”王充所编撰的《论衡•谈天篇》说：“天地，含气之自然也。”《论衡•自然篇》说：“天地合气，万物自生。”他们都讲天地阴阳之气合而生万物。

与张载同时代的大儒王安石、司马光、周敦颐、邵雍以及二程都讲“气”。王安石认为，作为宇宙万物之源的“道”即阴阳之气。他说：

“一阴一阳谓之道，而阴阳之中有冲气。冲气生于道。道者，天也，万物之所以自生，故为天下母。”[①]司马光说：“万物皆祖于虚，生于气。”[②]又说：“天地之有阴阳，损之益之，不失中和，以生成万物者也。”[③]周敦颐说：“无极之真，二五之精，妙合而凝，乾道成男，坤道成女，二气交感，化生万物。”[④]邵雍说：“一气分而阴阳判。得阳之多者为天，得阴之多者为地，是故阴阳半而形质具焉。”[⑤]二程则说：“万物之始，皆气化；既形，然后以形相禅，有形化；形化长，则气化渐消。”[⑥]都认为天地自然万物由“气”而生成。

可见，在张载之前，“气”早已被看作自然天地万物中最基本的构成元素，决定着天地万物的存在和变化。正是在这一学术背景下，张载运用“气”的概念，解释宇宙天地之间万事万物的存在和变化，建构了自然观。

由于探索天地自然的目的在于建构自然观，与宋代其他儒家学者一样，张载对于宇宙天地之间万事万物的研究并不局限于自然界的某一领域，而是面向整个自然界，面向自然万物的整体。正是在对自然万物的整体研究中，他形成了对于整个自然界及其万事万物的总体看法。

（二）“凡象皆气”

对于自然界的万事万物，张载说：

> 凡可状，皆有也；凡有，皆象也；凡象，皆气也……舍气，有象否？[⑦]

这里所论及的是所有的客观事物，在张载看来，凡是可以被形

①容肇祖：《王安石老子注辑本》，中华书局，1979年，第45页。
②（宋）司马光：《潜虚》，四部丛刊三编本。
③（宋）司马光：《温国文正司马公文集》卷二十五《上皇太后疏》，四部丛刊初编本。
④《周敦颐集》卷一《太极图说》，中华书局，2009年，第5页。
⑤（宋）邵雍：《皇极经世书》卷十三《观物外篇上》，文渊阁四库全书本。
⑥《河南程氏遗书》卷五，《二程集》（第一册），中华书局，1981年，第79页。
⑦（宋）张载：《正蒙·乾称篇》，《张载集》，中华书局，1978年，第63页。

容、摹状的，都是“有”，都是客观实在的事物；而一切“有”都有“象”，即事物的表象，事物的外在现象；一切“象”都是“气”，都是“气”的不同表现；没有“气”，也就没有所谓的“象”。

在张载看来，任何事物都有其内在的本体，又有由本体所表现的外在的表象，又称为“用”，这就是“体用”关系。其实，在张载之前，“体用”关系问题已被提出来。唐孔颖达《周易正义》卷首说：“《系辞》云：‘形而上者谓之道’，道即无也；‘形而下者谓之器’，器即有也。故以无言之，存乎道体；以有言之，存乎器用。”[①]显然，这是以道、无为体，以器、有为用。宋代王安石说：“道有体有用。体者，元气之不动。用者，冲气运行于天地之间。”[②]张载认为，任何事物都是有“体”、有“用”，“体”就是“气”，“用”就是“象”，就是客观存在的、可以被摹状的事物的表象。既然任何事物的“体”都是“气”，那么，各种事物的“象”，尽管千变万化，但归根结底还是“气”，是“气”的千变万化。所以，张载讲“凡象，皆气也”，既承认了各种事物的“象”的差异，又肯定了各种事物的“象”最终归属于同一的“气”。这比起前人简单地说万物由“气”构成，而没有涉及万物之间的差异，显然要进了一步。

张载还在诠释《周易•系辞上》“仰以观于天文，俯以察于地理，是故知幽明之故”时说：

> 盈天地之间者，法象而已；文理之察，非离不相睹也。方其形也，有以知幽之（因）；方其不形也，有以知明之故。[③]

这里的“法象”，即《周易•系辞下》所谓“仰则观象于天，俯则观法于地”，是天地所呈现出来的状态和表象。张载认为，充满于天

①（魏）王弼、（晋）韩康伯、（唐）孔颖达等：《周易正义》卷首，（清）阮元：《十三经注疏》（上册），中华书局，1980年，第8页。

②容肇祖：《王安石老子注辑本》，中华书局，1979年，第8页。

③（宋）张载：《横渠易说•系辞上》，《张载集》，中华书局，1978年，第182页。

地之间的是天文地理之“法象”，是自然界万事万物的表象，有“有形”与“无形”之分；由“无形”而形成“有形”，由“有形”而可以推知“无形”，所以，“无形”不是绝对的“无”，而只是眼睛看不见；“有形”可以归于“无形”，由“无形”而可以推知“有形”，所以“有形”不是永恒的，只是因为眼睛看得见。因此，“有形”与“无形”只是眼睛看得见与看不见之分。张载还在诠释《周易·系辞下》“几者，动之微”时说：“几（者）象见而未形（者）也，形则涉乎明，不待神而后知也。”[①]在张载看来，有形之“象”，是人的眼睛可以直接看到的；未形之“象”，则要用心智去把握；然而，无论是有形之“象”，还是未形之“象”，都是“气”，都是“气”的不同表现。

张载讲“凡象，皆气也”，以为无论是有形之“象”，还是未形之“象”，都是“气”，这既是对前人的继承，又有所创新。就有形事物而言，张载认为，有形事物是由无形的“气”生成的。他说：

> 气本之虚则湛（一）无形，感而生则聚而有象。[②]

在张载看来，“气”本身是无形的，无形是“气”的本然状态；“气”聚而有形，因而有“象”。这里用“聚”来表述无形的“气”生成有形之“象”的过程。从这里也可看出，张载是用天地自然万物由“气”聚合而成来论证“凡象，皆气也”，以说明“气”是天地自然万物的本原，或者说，是用天地自然万物皆由“气”聚合而成的本原论来论证。

在讲有形事物由“气”生成的同时，张载还说：

> 所谓气也者，非待其郁蒸凝聚，接于目而后知之；苟健、顺、动、止、浩然、湛然之得言，皆可名之象尔。然则象若非气，指何为象？时若非象，指何为时？[③]

① （宋）张载：《横渠易说·系辞下》，《张载集》，中华书局，1978年，第221页。
② （宋）张载：《正蒙·太和篇》，《张载集》，中华书局，1978年，第10页。
③ （宋）张载：《正蒙·神化篇》，《张载集》，中华书局，1978年，第16页。

在张载看来，“气”并不仅仅是指那些由其凝聚而成的有形可见的“象”，事物的性质、状态以及变化，诸如“健、顺、动、止、浩然、湛然”之类，也都可以称为“象”，因而也都是“气”。

需要指出的是，张载还认为，“气”在聚而生成有形物时，由于“气”有阴阳的差异，所生成的物各不同又相同。他说：“气则（有异）。天（下）无两物一般，是以不同。”[①]同时，他又说：

> 气有阴阳，屈伸相感之无穷，故神之应也无穷；其散无数，故神之应也无数。虽无穷，其实湛然；虽无数，其实一而已。阴阳之气，散则万殊，人莫知其一也；合则混然，人不见其殊也。[②]

张载认为，“气”有各种不同性状，变化方式也无穷多样，因而生成的事物也不尽相同；但是另一方面，各不相同的物都是由“气”生成，所以虽然万事万物变化无穷，实际上都是一样的东西，都是“气”。

张载在讲“气”聚而生成有形物的同时，又讲“气”散而归于无形。他说：

> 气聚则离明得施而有形，气不聚则离明不得施而无形。方其聚也，安得不谓之客？方其散也，安得遽谓之无？故圣人仰观俯察，但云“知幽明之故”，不云“知有无之故”。[③]

张载认为，“气”聚而有形，使得眼睛可以看得见；“气”不聚则无形，使得眼睛看不见。就有形为“气”所聚而言，“气”为主，有形为“客”，是暂时的东西；“气”散，有形归于无形，但不能称之为“无”。所以，古代圣人仰观俯察时，只讲看得见或看不见，而不讲

① （宋）张载：《张子语录下》，《张载集》，中华书局，1978年，第330页。
② （宋）张载：《正蒙•乾称篇》，《张载集》，中华书局，1978年，第66页。
③ （宋）张载：《正蒙•太和篇》，《张载集》，中华书局，1978年，第8页。

有或无。可见，张载是用“气”的聚与散来解释有形与无形，并且论证“凡象，皆气也”。

总之，在张载那里，宇宙天地之间万事万物之“象”可分为有形之“象”和无形之“象”。由于无形是“气”的本然状态，而“气”又是“有”，能够聚而有形，散而无形。所以，就有形之“象”而言，它是无形的“气”聚成，因而有形之“象”是“气”；就无形之“象”而言，它是“气”的本然状态，而且有形事物因“气”散而归于无形，因而无形也是“气”。有形是“气”，无形也是“气”，因此，“凡象，皆气也”。应当说，在张载之前，讲自然万物由“气”构成或化生的，并不在少数。但是很少能像张载那样深入地阐述“气”与无形的关系：无形是“气”的本然状态，有形事物因“气”散而归于无形，无形也是“气”。从这个意义上说，张载在以往讲自然万物由“气”构成的基础上，讲“凡象皆气”，讲无形是“气”，是中国古代学术思想发展的一大进步。

二、“虚空”与“气”

（一）无形是“气”

古代中国人重视“无形”的东西，因为有形的东西是从“无形”中生长出来的，这就是老子《道德经》所提出的“天下万物生于有，有生于无”。同时，有形的东西是变化的，甚至会变化为“无形”，因而是暂时的，是“客形”，而“无形”则是恒常的。所以，《道德经》说：“道可道，非常道。名可名，非常名。无名天地之始；有名万物之母。”认为“无形”才是最根本的。《道德经》还说：“三十辐共一

毂，当其无，有车之用。埏埴以为器，当其无，有器之用。凿户牖以为室，当其无，有室之用。故有之以为利，无之以为用。”可见，在老子看来，“无形”的价值要高于“有形”的价值。但是，老子实际上是把“无”与“有”对立起来，这样的“无”很容易被理解为绝对的虚无。

张载也非常重视“无形”的东西，但与老子不同，他把“无”与“有”统一起来，并特别强调“无形”是“气”，认为“无形”不是绝对的虚无。在诠释《周易•系辞上》“形而上者谓之道，形而下者谓之器”时，张载指出：

> “形而上（者）”是无形体者，故形（而）上者谓之道也；“形而下（者）”是有形体者，故形（而）下者谓之器……凡不形以上者，皆谓之道，惟是有无相接与形不形处知之为难。须知气从此首，盖为气能一有无，无则气自然生，（气之生即）是道是易。①

张载认为，形而上者，是无形体者，是“道”；形而下者，是有形体者，是“器”；在有形与无形相接之处，是“气”，因为“气”既是“有”又是“无”，而且，由于“气”也是无形体者，并生成有形体者，所以也是“道”。需要指出的是，张载明确提出了“气能一有无”，强调“气”具备有形与无形于一体的属性。他还说：

> 有（变）则有象，如乾健坤顺，有此气则有此象可得而言；若无则直无而已，谓之何而可？是无可得名。故形而上者，得辞斯得象，但于不形中得以措辞者，已是得象可状也。今雷风有动之象，须（得）天为健，虽未尝见，然而成象，故以天道言；及其（法也）则是效也，（效）著则是成形，成形则（地）道也。若以耳目所及求理，则安得尽如言寂然湛然亦

①（宋）张载：《横渠易说•系辞上》，《张载集》，中华书局，1978年，第207页。

须有此象。有气方有象，虽未形，不害象在其中。[①]

张载认为，作为形而上者，“气”虽然无形，但“已是得象可状”；作为无形的天道，“气”虽未尝见，但有“象”，可以效法，并可以生成有形的地道；所以，“无形”的“气”并不是“无”，而是其中有“象”，而之所以有“象”，是因为其中有“气”。

（二）“虚空即气”

张载讲无形是“气”，这实际上内涵着广大无垠的无形虚空是“气”的思想。这就是他所谓的“虚空即气”，“太虚即气”。张载说：

> 气块然太虚，升降飞扬，未尝止息，《易》所谓“絪缊”，庄生所谓“生物以息相吹”、“野马”者与！此虚实、动静之机，阴阳、刚柔之始。浮而上者阳之清，降而下者阴之浊，其感（通）聚（结），为风雨，为雪霜，万品之流形，山川之融结，糟粕煨烬，无非教也。[②]

这里论及《周易·系辞下》所谓“天地絪缊，万物化醇；男女构精，万物化生”中的“絪缊”。所谓“絪缊”，孔颖达《周易正义》指出：“絪缊，相附著之义，言天地无心，自然得一，唯二气絪缊，共相和会，万物感之，变化而精醇也。”[③]张载认为，太虚中充满着“气”，就如《周易·系辞下》所谓的“絪缊”那样，天地阴阳二气交融密合而化生万物，又如《庄子·逍遥游》所谓“野马也，尘埃也，生物之以息相吹”那样，“升降飞扬，未尝止息”；它包含着化生天地万物的动因，并感通聚结成天地之间的万事万物。

---

①（宋）张载：《横渠易说·系辞下》，《张载集》，中华书局，1978年，第231页。

②（宋）张载：《正蒙·太和篇》，《张载集》，中华书局，1978年，第8页。

③（魏）王弼、（晋）韩康伯、（唐）孔颖达等：《周易正义》卷八，（清）阮元：《十三经注疏》（上册），中华书局，1980年，第88页。

张载还说：

> 太虚之气，阴阳一物也，然而有两（体），健顺而已。(亦)不可谓天无意，阳之（意）健，不(尔)何以发散（和一）？阴之性常顺，然而地体重浊，不能随则不能顺，(少不顺即)有变矣。有（变）则有象……有气方有象。①

在张载看来，太虚中充满着阴阳之气，而且，由于阴阳之气是一物而两体，相互联系又相互作用，因而存在着各种变化，而有“象”，所以，这种变化和“象”是由太虚之“气”所产生的。他还明确指出：

> 气之聚散于太虚，犹冰凝释于水，知太虚即气，则无无。②

张载认为，“气”的聚散处于太虚之中，是太虚之“气”聚而生成万物，“气”散又归于太虚，所以“虚空即气”、“太虚即气”，太虚不是空无一物。

张载讲“虚空即气”、“太虚即气”，应当是中国“气”学史上的重大发展。先秦老子《道德经》并没有直接论及“虚空”或“太虚”。《庄子》讲到“太虚”。《庄子•知北游》说：“若是者，外不观乎宇宙，内不知乎太初。是以不过乎昆仑，不游乎太虚。”这里虽然讲到“太虚”，但是并没有对“太虚”做出深入的阐释。需要指出的是，《庄子•逍遥游》讲“野马也，尘埃也，生物之以息相吹”，意思是说“虚空”中有“气息”在“相吹”，而受到张载的重视。汉代《

•天文训》讲“道始于虚廓，虚廓生宇宙，宇宙生气。气有涯垠，清阳者，薄靡而为天；重浊者，凝滞而为地”，认为“虚空”产生出“气”。但这是以“气”与“虚空”的相分离为前提的。唐代医学家王冰注《黄帝内经》的“太虚廖廓，肇基化元，万物资始，五运终天”时说：“太虚，谓空玄之境，真气之所充，神明之宫府也。真气精微，

①（宋）张载：《横渠易说•系辞下》，《张载集》，中华书局，1978年，第231页。

②（宋）张载：《正蒙•太和篇》，《张载集》，中华书局，1978年，第8页。

无远不至，故能为生化之本始，运气之真元矣。”[①]认为“太虚”中充满着“真气”，但是，“太虚”并不完全等同于“真气”。应当说，在张载之前，但凡讲“虚空”或“太虚”的，大都将“虚空”与“气”或“有”对立起来。张载讲“虚空即气”、“太虚即气”，认为“太虚”本身就是“气”，不仅把有形与无形统一于“气”，而且把“太虚”与“气”统一起来，从而把整个宇宙统一于“气”。

（三）“太虚无形，气之本体”

张载讲“虚空即气”、“太虚即气”，既说明广大无垠的虚空充满着“气”，又包含着虚而无形是“气”之本体的思想。他说：

> 太虚无形，气之本体，其聚其散，变化之客形尔。[②]

> 太虚者，气之体……形聚为物，形溃反原。[③]

在这里，张载明确认为，“气”的虚而无形是“体”，是恒常的；而“气”的聚散变化是“用”，是本体的功用、本体的表象，是暂时的“客形”。这里又涉及“体用”关系问题。

张载讲“太虚无形，气之本体，其聚其散，变化之客形尔”，是从“体用”关系角度，把虚而无形看作“气”之“体”，把聚散变化看作“气”之“用”。与用“气”的聚散解说天地自然万物由“气”产生的本原论不同，用“体用”关系讲“气”与天地自然万物的关系，具有本体论的意义。

在哲学上有两个既有联系又相互区别的概念：其一本原论，或本源论，探讨天地自然万物的来源是什么；其二本体论，探讨天地自然万物的本体是什么。如前所述，张载已经从本原论的角度用“气”的聚散解说天地自然万物来源于“太虚之气”，以论证“凡象，皆气也”。然

①（唐）王冰：《重广补注黄帝内经素问》卷十九《天元纪大论篇》，四部丛刊初编本。
②（宋）张载：《正蒙·太和篇》，《张载集》，中华书局，1978年，第7页。
③（宋）张载：《正蒙·乾称篇》，《张载集》，中华书局，1978年，第66页。

而，这样的论证依然存在着一个问题：既然天地自然万物来源于“太虚之气”，那么也就承认“太虚之气”与天地自然万物的不同，尤其是与有形物的不同，所以也就不能证明“凡象，皆气也”。由此可见，用天地自然万物来源于“气”来论证“凡象，皆气也”是不够充分和不够完善的。事实上，张载不仅仅从本原论的角度来解释天地自然万物来源于“气”，而且是在这基础上，还从本体论的角度来解释“气”是天地自然万物之“体”，天地自然万物是“气”之“用”，从而把天地自然万物统一于虚而无形的“气”，证明了“凡象，皆气也”。

为此，张载还说：

> 气之为物，散入无形，适得吾体；聚为有象，不失吾常。太虚不能无气，气不能不聚而为万物，万物不能不散而为太虚。循是出入，是皆不得已而然也。①

在这里，张载通过“体用”关系，讲虚而无形是“气”之“体”，聚散变化是“气”之“用”，从而把“太虚”“气”“万物”三者不可分割地统一起来：“太虚不能无气”，讲的是“太虚”统一于“气”；“气不能不聚而为万物”，讲的是“万物”统一于“气”；“万物不能不散而为太虚”，讲的是“万物”统一于“太虚”。因此，张载还说：“聚亦吾体，散亦吾体，知死之不亡者，可与言性矣。”②以为“气”之“体”是永恒存在的，这是“气”的本性，差别的只是“幽明”，而不是“有无”。

张载讲“虚空即气”“太虚即气”，讲虚而无形是“气”之本体，问题是，为什么张载把“气”之本体定位于“虚”，而不是“实”？换言之，为什么“虚”比“实”更为根本？关于“虚”与“实”的关系，张载指出：

> 天地之道，无非以至虚为实，人须于虚中求出实……金

①②（宋）张载：《正蒙·太和篇》，《张载集》，中华书局，1978年，第7页。

> 铁有时而腐，山岳有时而摧，凡有形之物即易坏，惟太虚无动摇，故为至实。[①]

在张载看来，“实”来源于“虚”，所谓“物虽是实，本自虚来”[②]，而且实物易坏，太虚无动摇，或者说，因此，“至虚”实为“至实”。他还说：“至虚之实，实而不固……实而不固，则一而散。”[③]认为“至虚”之实，实而不固定，因而既能聚而为“一”，又能散而为万物。他还认为，“万物取足于太虚，人亦出于太虚”，所以“太虚者天之实也”[④]。由此可见，张载虽然讲“太虚无形，气之本体”，甚至讲“太虚者自然之道”“天地以虚为德”“虚者天地之祖，天地从虚中来”，但实质上是以“虚”言“实”，而把“至虚”看作“至实”。所以在张载那里，“虚空”之“虚”不是虚无，而是无形的“气”，是“实”。

如前所述，对于老子的“有生于无”以及道家“虚能生气”，张载予以了批判，认为他们将“体”与“用”割裂开来，因而不了解“有”与“无”的统一。张载对于“气”与“太虚”关系的探讨，不是从“有无”的相互对立入手，而是以“体用”的相互统一为基础，讲本体与本体功用、本体表象的不可分割，讲“气”的虚而无形与“气”之聚散的不可分割；因而他能够看到“气”是“有”与“无”的统一、“虚”与“实”的统一，并在此基础上明确提出“有无虚实通为一物”[④]；正是从这一点出发，他能够将“太虚”与“气”联系起来，提出“虚空即气”“太虚即气”，并因而能够把“太虚”与万物、无形与有形统一于“气”，发展出他的气本论。

除了讲虚而无形是“气”之本体，张载还强调“气”的“清”。他说：

---

①（宋）张载：《张子语录中》，《张载集》，中华书局，1978年，第325页。
②（宋）张载：《张子语录中》，《张载集》，中华书局，1978年，第324页。
③（宋）张载：《张子语录中》，《张载集》，中华书局，1978年，第325页。
④（宋）张载：《张子语录中》，《张载集》，中华书局，1978年，第326页。

> 太虚为清，清则无碍，无碍故神；反清为浊，浊则碍，碍则形。①

张载认为，“太虚之气”不仅“至虚”，而且“清”，正是由于“清”，所以可以畅通无阻，可以变化多端，所以神妙无比；而如果为“浊”，则会有阻碍而不通畅，因而就会是固定有形的东西，而不能生成出其他东西。他还说：

> 凡气清则通，昏则壅，清极则神。故聚而有间则风行，（风行则）声闻俱达，清之验与！不行而至，通之极与！②

在张载看来，“气”由于“清”，聚成的物之间可以有风吹过，所以，“气”是畅通无比的。

张载从“虚空即气”、“太虚即气”出发，不仅论及“气”化生出天地自然万物，而且通过“体用”关系论证了“气”为天地自然万物之本体，从而把“太虚”与万物、无形与有形统一于“气”。但是，对于张载讲“虚空即气”“太虚即气”，特别是把虚而无形看作是“气”之本体。与他交往颇多的二程并不赞同。二程指出：“‘形而上者谓之道，形而下者谓之器。’若如或者以‘清虚一大’为天道，则乃以器言，而非道也。”③这里所谓“清虚一大”，就是指张载的太虚之气。二程认为，张载的“清虚一大”之“气”是形而下之器，并非形而上之“道”，所以，“立‘清虚一大’为万物之源，恐未安”④。二程还说：“阴阳，气也，形而下也。道，太虚也，形而上也。”⑤这实际上将“太虚”与“气”分割开来。关于“太虚”，据《河南程氏粹言》记载：或谓“惟太虚为虚”，二程说：“无非理也，惟理为实。”⑥《河南程氏遗书》也

①②（宋）张载：《正蒙·太和篇》，《张载集》，中华书局，1978年，第9页。
③《河南程氏遗书》卷十一，《二程集》（第一册），中华书局，1981年，第118页。
④《河南程氏遗书》卷二上，《二程集》（第一册），中华书局，1981年，第21页。
⑤《河南程氏粹言》卷一，《二程集》（第四册），中华书局，1981年，第1180页。
⑥《河南程氏粹言》卷一，《二程集》（第四册），中华书局，1981年，第1169页。

载：语及太虚，二程曰："亦无太虚。"遂指虚曰："皆是理，安得谓之虚？天下无实于理者。"[①]可见，在二程看来，太虚是"理"，是形而上之"道"。至于理与气的关系，二程讲"有理则有气"[②]"离阴阳则无道"[③]，讲"理"与"气"的统一；至于气与万物的关系，二程讲"万物之始，皆气化"[④]。这样，二程就把"太虚""气"、万物统一于"理"，发展出不同于张载的理本论。

三、"太和所谓道"

中国人讲"和"。据《国语•郑语》记载，西周末年，史伯指出："夫和实生物，同则不继。以他平他谓之和，故能丰长而物归之；若以同裨同，尽乃弃矣。故先王以土与金木水火杂，以成百物。"可见，"和"就是不同事物的结合与和谐，而且通过"和"，可以实现事物的发展，这就是"和实生物"。老子《道德经》讲"万物负阴而抱阳，冲气以为和"，认为万物由阴阳二气的互相和谐而构成的。据《论语•子路》所载，孔子讲"君子和而不同；小人同而不和"；《论语•学而》讲"礼之用，和为贵"。据《孟子•公孙丑下》所载，孟子讲"天时不如地利，地利不如人和"；《庄子•天道》说："夫明白于天地之德者，此之谓大本大宗，与天和者也；所以均调天下，与人和者也。"张载讲"虚空即气""太虚即气"，不仅把虚而无形看作"气"之"体"，把天地自然万物看作"气"之"用"，构建了他的气本论，而

①《河南程氏遗书》卷三，《二程集》（第一册），中华书局，1981年，第66页。
②《河南程氏粹言》卷二，《二程集》（第四册），中华书局，1981年，第1227页。
③《河南程氏粹言》卷一，《二程集》（第四册），中华书局，1981年，第1180页。
④《河南程氏遗书》卷五，《二程集》（第一册），中华书局，1981年，第79页。

且还用“太和”来界说“气”，提出“太和所谓道”，进一步论证宇宙天地万物由“太和”之气化生而成。

如前所述，张载不仅认为“气”聚而生成天地万物，而且由于“气”有阴阳的差异，所生成的物不尽相同。问题是，“气”中的阴与阳是通过怎样的相互作用而化生出天地万物？

对此，张载指出：

> 太和所谓道，中涵浮沉、升降、动静相感之性，是生细缊、相荡、胜负、屈伸之始。其来也几微易简，其究也广大坚固。起知于易者乾乎！效法于简者坤乎！散殊而可象为气，清通而不可象为神。不如野马、细缊，不足谓之太和。①

这里的“太和”，可见于《周易·乾·彖》：“保合太和，乃利贞。”朱熹《周易本义》注曰：“太和，阴阳会合冲和之气也。”②所以，《周易·乾·彖》所谓的“太和”主要是讲天地阴阳二气的和谐。《周易·系辞下》讲“天地细缊，万物化醇；男女构精，万物化生”，其中的“细缊”也是指天地阴阳二气的交融密合。因此，“太和”首先是阴阳的和谐。在张载看来，“太和”之气中内涵着“浮沉、升降、动静相感之性”。这显然是讲各种“动静”的相互和谐与感通。同时，他又讲“不如野马、细缊，不足谓之太和”，其中“细缊”讲阴阳和谐、“野马”讲动静感通。所以，张载的“太和”主要是指阴与阳、动与静的和谐感通。而正是由于阴与阳、动与静的和谐感通，才有天地万物的产生和变化。张载还说：“动静阴阳，性也。”③“阴阳两端循环不已者，立天地之大义”④。明确认为阴与阳、动与静的和谐感通是天地之间最为根本的。

张载讲“太和”，讲阴与阳、动与静的和谐感通，特别重视阴与

---

①（宋）张载：《正蒙·太和篇》，《张载集》，中华书局，1978年，第7页。

②（宋）朱熹：《周易本义》，上海古籍出版社，1987年，第2页。

③（宋）张载：《横渠易说·系辞上》，《张载集》，中华书局，1978年，第177页。

④（宋）张载：《正蒙·太和篇》，《张载集》，中华书局，1978年，第9页。

阳、动与静之间的“合”。他说：“动静合一存乎神，阴阳合一存乎道。”[①]认为有“阴阳合一”、“动静合一”，才有天地万物的产生和变化。在阴与阳之“合”方面，张载说：“气有阴阳，推行有渐为化，合一不测为神。”[②]认为阴阳二气的“合”是事物变化莫测的原因。同时，他还讲“阳中之阴”、“阴中之阳”[③]，实际上是强调阴与阳的不可分离的关系。在动与静之“合”方面，张载讲“动，一静也”；“静，一动也”[④]，并且指出：“以刚柔言之，刚何尝无静，柔何尝无动，‘坤至柔而动也刚’，则柔亦有刚，静亦有动。”[⑤]认为“刚”，动亦有静；“柔”，静亦有动。他还说：“一动一静，是（户）之常，专于动静则偏也。”[⑥]认为动与静是不可分离的。

在讲“合”的同时，张载还非常强调与之密切相关的“感”。他说：

> 以万物本一，故一能合异；以其能合异，故谓之感；若非有异则无合。天性，乾坤、阴阳也，二端故有感，本一故能合。天地生万物，所受虽不同，皆无须臾之不感。[⑦]

张载认为，由于万物都本源于“气”，不同事物能够“合”；正因为不同事物能够“合”，它们之间就有“感”；所以，天地、阴阳、万物之间都存在着“感”。就阴与阳、动与静之间的“感”而言，张载说：“气有阴阳，屈伸相感之无穷，故神之应也无穷。”[⑧]认为阴与阳、动与静之间交融相感能够产生万物无穷变化。张载的弟子吕大临还明确指出：“天与地相感，故万物化生。”[⑨]

---

①（宋）张载：《正蒙•诚明篇》，《张载集》，中华书局，1978年，第20页。
②（宋）张载：《正蒙•神化篇》，《张载集》，中华书局，1978年，第16页。
③（宋）张载：《正蒙•参两篇》，《张载集》，中华书局，1978年，第12页。
④（宋）张载：《正蒙•神化篇》，《张载集》，中华书局，1978年，第18页。
⑤（宋）张载：《横渠易说•上经》，《张载集》，中华书局，1978年，第82页。
⑥（宋）张载：《横渠易说•系辞上》，《张载集》，中华书局，1978年，第203页。
⑦（宋）张载：《正蒙•乾称篇》，《张载集》，中华书局，1978年，第63页。
⑧（宋）张载：《正蒙•乾称篇》，《张载集》，中华书局，1978年，第66页。
⑨（宋）吕大临：《易章句》，《蓝田吕氏遗著辑校》，中华书局，1993年，第114页。

张载讲“太和”，讲阴与阳、动与静的和谐感通，这就是他所谓的“一物两体”。他说：

> 两不立则一不可见，一不可见则两之用息。两体者，虚实也，动静也，聚散也，清浊也，其究一而已。①

张载认为，“气”本身是一，但包含有对立的两个方面：虚实、动静、聚散、清浊，但终究还是一；没有两，就没有一；没有一，就没有两，所以“气”是“一物两体”，正如张载弟子吕大临所说：“阴阳相耦，其体虽两，其致一也。”②

张载还说：

> 一物两体，气也。一故神，两在故不测。两故化，推行于一。此天之所以参也。③

正是由于“气”有阴阳、动静，是“一物两体”，所以能够变化莫测，能够从一“气”化生天地万物。至于“参”，即三，就是“气”的一物与“气”的两体之和。张载说：“天所以参，一太极两仪而象之。”④显然，张载所谓的“一物两体”，就是要强调“太和”之气中所包含的两个方面之间的和谐感通。

从“一物两体”的思想出发，张载不仅讲“气”的和谐感通，而且还论述了自然界万事万物的和谐感通。他说：“（气）感而生则聚而有象。有象斯有对，对必反其为；有反斯有仇，仇必和而解。”⑤认为自然界事物中存在着对立的双方及其相互矛盾和排斥，要通过“和”加以解决。可见，张载讲“太和所谓道”，不仅在于说明“气”的和谐感通化生天地万物，而且也是为了强调自然界事物之间，乃至人与人、人与社会之间的和谐。

---

①（宋）张载：《正蒙•太和篇》，《张载集》，中华书局，1978年，第9页。
②（宋）吕大临：《易章句》，《蓝田吕氏遗著辑校》，中华书局，1993年，第132页。
③④（宋）张载：《正蒙•参两篇》，《张载集》，中华书局，1978年，第10页。
⑤（宋）张载：《正蒙•太和篇》，《张载集》，中华书局，1978年，第10页。

总之，在张载看来，太虚中充盈着“气”，以虚而无形为本，处于阴与阳、动与静的和谐感通的“太和”状态，因而能够通过“细缊、相荡、胜负、屈伸”产生天地万物：“浮而上者阳之清，降而下者阴之浊，其感（通）聚（结），为风雨，为雪霜，万品之流形，山川之融结”[①]。这就是他的“虚空即气”“太虚即气”的本体论。

①（宋）张载：《横渠易说•系辞下》，《张载集》，中华书局，1978年，第224页。

第三章

宇宙结构与天地变化

——对宇宙天地的研究

张载的自然观，不是仅仅停留于用“虚空即气”“太虚即气”的本体论来解释宇宙天地之间万事万物的来源及其构成元素，而是在此基础上进一步解释自然界事物的结构与变化。尤其是，张载对于宇宙天地的结构做了深入的探讨，因而能够运用他的“气”的概念对宇宙天地的结构提出自己的看法，形成了他的宇宙天地结构论。应当说，张载对于宇宙天地结构的研究是以他的“虚空即气”“太虚即气”本体论为基础的，同时又是对“虚空即气”“太虚即气”本体论的进一步展开。《正蒙》是张载的重要著作。该著作第一篇“太和”，讲“太和所谓道”，讲“太虚无形，气之本体”，讲“虚空即气”“太虚即气”，讲“气”的聚散；第二篇“参两”，讲天地，讲宇宙结构。由此可见，张载的宇宙天地结构论是“虚空即气”本体论的进一步延伸。

一、宇宙天地的结构

（一）历代对宇宙天地结构的研究

中国人关注天文，主要与从事农业生产有关。据《尚书•尧典》记载，帝尧命令羲氏、和氏通过观测日月星辰的运行，制定历法，告知百姓。最早的农书《夏小正》按照一年中各月份的天象来安排农事活动。除了农业生产之外，中国人对于天文的关注还与“天人合一”的看法有关。据《论语•为政》记载，孔子说：“为政以德，譬如北辰，居其所而众星共（拱）之。”据《孟子•离娄下》记载，孟子说：“天下之言性也，则

故而已矣……天之高也，星辰之远也，苟求其故，千岁之日至，可坐而致也。”意思是，任何事物都是有其规律的，即使天高星远，假如能把握其规律，千年的冬至日，也可推算出来。《易传》更是把天文与人文结合起来。《周易•贲•彖》曰：“观乎天文，以察时变；观乎人文，以化成天下。”《周易•系辞上》曰：“《易》与天地准，故能弥纶天地之道。仰以观于天文，俯以察于地理，是故知幽明之故。”《周易•系辞下》曰：“古者包牺氏之王天下也，仰则观象于天，俯则观法于地，观鸟兽之文，与地之宜，近取诸身，远取诸物，于是始作八卦，以通神明之德，以类万物之情。”

由于长期关注天文，人们很早就开始对各种天象进行描述和记录。《诗经》中有作为古代天球坐标体系的二十八宿的火（心）、箕、斗、定（室、壁）、昴、毕、参、牛、女等，还有天汉（银河）的记载；同时，还有行星的记载①。此外，《诗经•小雅•十月之交》云：“十月之交，朔月辛卯，日有食之，亦孔之丑。”对日食作了记载。除了描述和记录各种天象，更为重要的是，人们对宇宙天地结构进行了思考，于是便形成了最初的“天圆地方”的说法。据《大戴礼记•曾子天圆》记载，孔子门人曾子与其弟子单居离曾对此有过讨论：单居离问曾子曰：“天圆而地方者，诚有之乎？”曾子曰：“离而闻之云乎？”单居离曰：“弟子不察，以此敢问也。”曾子曰：“天之所生上首，地之所生下首，上首之谓圆，下首之谓方。如诚天圆而地方，则是四角不揜也。”②

汉代形成了各种宇宙天地结构学说，主要有三家。东汉蔡邕《表志》曰：“言天体者有三家：一曰周髀，二曰宣夜，三曰浑天。宣夜之学绝无师法。周髀数术具存，考验天状，多所违失，故史官不用。唯浑天者近得其情，今史官所用候台铜仪，则其法也。”③所谓“周髀”，

①夏纬瑛、范楚玉：《〈诗经〉中反映的周代农业生产和技术》，李国豪等：《中国科技史探索》，上海古籍出版社，1982年，第645～646页。

②（汉）戴德：《大戴礼记》卷五《曾子天圆》，中华书局，1985年，第90～91页。

③（晋）司马彪：《后汉书》（十一）志第十《天文上》，中华书局，1965年，第3217页。

即盖天说。从蔡邕所述可以看出，在汉代关于宇宙结构的盖天说、宣夜说和浑天说的论战中，浑天说占据了主导地位。东汉天文学家张衡在其《浑仪注》中具体阐述了浑天说的基本内容。一般认为，张衡浑天说的具体表述是："浑天如鸡子，天体圆如弹丸，地如鸡子中黄，孤居于内。天大而地小，天表里有水，天之包地，犹壳之裹黄。天地各乘气而立，载水而浮。周天三百六十五度四分度之一，又中分之，则一百八十二度八分之五覆地上，一百八十二度八分之五绕地下，故二十八宿半见半隐……天转如车毂之运也，周旋无端，其形浑浑，故曰浑天也。"①

然而，浑天说所谓"天地各乘气而立，载水而浮"的说法，存在着很大的问题：当天球绕地运行至地下时，日月星辰如何从水中通过？东汉王充曾就此提出过质疑："天行地中，出入水中乎？"②为此，魏晋时期的道教学者葛洪说："天，阳物也，又出入水中，与龙相似，故以龙比也。圣人仰观俯察，审其如此，故《晋》卦《坤》下《离》上，以证日出于地也。又《明夷》之卦《离》下《坤》上，以证日入于地也。《需》卦《乾》下《坎》上，此亦天入水中之象也。天为金，金水相生之物也。天出入水中，当有何损，而谓为不可乎？"③葛洪用《周易》卦象以及五行相生之说为"天出入水中"所作的辩解，显然存在着很多不足。

与张载同时代的邵雍对天体结构进行了探讨。据他的《渔樵问对》所述：樵者问渔者曰："天何依？"曰："依乎地。""地何附？"曰："附乎天。"曰："然则天地何依何附？"曰：'自相依附。天依形，地附气。其形也有涯，其气也无涯……"④认为天地之间充满着

①（唐）瞿昙悉达：《唐开元占经》卷一《天体浑宗》，文渊阁四库全书本。

②黄晖：《论衡校释》（二）卷十一《说日篇》，中华书局，1990年，第490页。

③（唐）房玄龄等：《晋书》（二）卷十一《天文志上》，中华书局，1974年，第282页。

④（宋）邵雍：《渔樵问对》，（清）黄宗羲、全祖望：《宋元学案》（第一册）卷九《百源学案上》，中华书局，1986年，第383页。

气，使得天地能够自相依附。二程说："所谓地者，特于天中一物尔。如云气之聚，以其久而不散也。"[①]认为地为"气"聚而成，为"天中一物"。

（二）张载的宇宙天地结构图景

张载在提出"虚空即气""太虚即气"的本体论，并且认为宇宙天地万物由"太和"之气而生成的同时，对于宇宙天地的结构也作了深入的探讨。

探讨宇宙天地的结构，首先要问：天是什么？地是什么？从人的直观而言，天是一个有形质的天球壳层，地是一个有形质的物，并承载着自然万物。既然天地都是有形质、有重量的物，那么，天为什么不会塌下来，地为什么不会坠下去？

对此张载认为，天地由"太虚"之气所生成。他说："虚者天地之祖，天地从虚中来。"[②]又认为，"太和"之气，"浮而上者阳之清，降而下者阴之浊"，于是形成天地。他还说：

> 地纯阴凝聚于中，天浮阳运旋于外，此天地之常体也。恒星不动，纯系乎天，与浮阳运旋而不穷者也；日月五星……并包乎地者也。地在气中……顺天左旋。[③]

在张载的宇宙结构中，地为纯阴凝聚而成，处于宇宙的中心；天为阳气在地之外绕地运行；恒星自身不动，完全系在天上，与运旋的阳气一起不停地运行；日月五星围绕着地运行；地在气中，并顺着天而左旋。

显然，在张载看来，宇宙天地的结构完全都是由"气"构成的。天为阳气所构成，因而能够浮而在上，不会塌下来。地为阴气所构成，并处于"气"中。至于地在"气"中为什么不会下坠？他并没有做出明确

---

①《河南程氏遗书》卷二下，《二程集》（第一册），中华书局，1981年，第55页。
②（宋）张载：《张子语录中》，《张载集》，中华书局，1978年，第326页。
③（宋）张载：《正蒙·参两篇》，《张载集》，中华书局，1978年，第10~11页。

的说明，但可以根据张载所说做出推测：其一，地本身是阴气凝聚起来的，所以能够与天的阳气互相依附；其二，天的阳气始终处于运旋的状态，可以支撑起地；其三，地凝聚于气中是一个过程，最初只是两种气的相互融合，后来阴阳之气分离，但仍互相依附。因此，阴气凝聚成地之后，当然也处于与阳气的互相依附之中。

需要指出的是，张载的“天”并不是一个有形质的天球壳层，而是运旋着的“浮阳”，即浮动的阳气，恒星系于其中。这种观点正是吸收了宣夜说所谓“天了无质，仰而瞻之，高远无极……日月众星，自然浮生虚空之中，其行其止皆须气焉”①的思想。由此可见，张载的宇宙结构论虽然是以浑天说为主体，但也吸收了宣夜说的合理思想。

在张载看来，天与地不仅是由“气”构成，而且还朝着同一个方向旋转，认为天与地都是“左旋”。关于天与地的运行方向，西汉末年出现的一些纬书大都持“天左旋，地右转”的观点。张载则认为，地顺天左旋，“稍迟则反移徙而右尔”②，也就是说，天与地都是左旋，由于天旋得快，而地旋得慢，所以地反向而右行。显然，张载讲地顺天左旋，实际上是要把天与地的旋转方向统一起来。从逻辑上讲，既然天与地都是由“气”构成，因此旋转的方向也应当是一致的。

张载讲地顺天左旋，特别强调地的自行转动。他说：

> 凡圜转之物，动必有机；既谓之机，则动非自外也。古今谓天左旋，此直至粗之论尔，不考日月出没、恒星昏晓之变。愚谓在天而运者，惟七曜而已。恒星所以为昼夜者，直以地气乘机左旋于中，故使恒星、河汉因北为南，日月因天隐见，太虚无体，则无以验其迁动于外也。③

在张载看来，凡是圜转之物，都有其内在的动力。因此，地旋转的动力来自内部，并非来自外部。那种以为地的旋转是由天左旋所引起

---

①（唐）房玄龄等：《晋书》（二）卷十一《天文志上》，中华书局，1974年，第279页。

②③（宋）张载：《正蒙·参两篇》，《张载集》，中华书局，1978年，第11页。

的说法，是非常粗略的，是没有考察日月出没、恒星银河位置变化的现象。他认为，天上运行的只有日月五星，“恒星不动，纯系乎天”。恒星之所以有昼夜变化，只是因为地出于自己的动力而向左旋转，所以人们看到恒星银河的位置变化和日月出没。而且，太虚无体，这本身就否定了地的旋转是由外部因素所引起的。

通过以上分析，可以构成一个天地形成的画面：宇宙中的“气”在朝同一个方向旋转中，逐渐分离出清的阳气和浊的阴气，“地纯阴凝聚于中，天浮阳运旋于外”，天与地由此而形成，并继续朝同一个方向旋转。这就是张载的宇宙天地结构图景。

二、日月五星的运行

（一）对运行方向的分析

张载不仅讲地顺天左旋，强调地的自行转动，而且还认为，处于天地之间的日月五星也顺天左旋。他说：

> 日月五星逆天而行，并包乎地者也。地在气中，虽顺天左旋，其所系辰象随之，稍迟则反移徙而右尔。[①]

在张载看来，绕地运行的日月五星虽然看上去“逆天而行”，但实际上与地一起“顺天左旋”。在顺天左旋时，由于它们的性质各异而运行速度不同，只要稍慢于天左旋的速度，就会反向而右行。他还说：“天左旋，处其中者顺之，少迟则反右矣。”[②]这样就把天地以及日月

①（宋）张载：《正蒙•参两篇》，《张载集》，中华书局，1978年，第11页。
②（宋）张载：《正蒙•参两篇》，《张载集》，中华书局，1978年，第11页。

五星的运行方向统一到由东向西的左旋。当然，与地的旋转有其自身的动力一样，日月五星也是"圜转之物"，"动非自外"，也有其自身的动力。

关于日月五星的运行方向，自汉代开始，就有右旋说与左旋说之争。早期的盖天说认为："天旁转如推磨而左行，日月右行，随天左转，故日月实东行，而天牵之以西没。譬之于蚁行磨石之上，磨左旋而蚁右去，磨疾而蚁迟，故不得不随磨以左回焉。"[①]在盖天说看来，天左旋，日月五星右旋，即由西向东运行，但是，日月五星由于附着在天体上，又随着天而左转，由于天左转的速度快，日月五星被牵着而左行。这就是右旋说。与之不同的是，左旋说则认为，天左旋，日月五星与天一起而左旋，即由东向西运行。由于日月五星的左旋速度慢于天，日月五星变成向右行。较早的左旋说，有受到西汉刘向批评的《夏历》所持的观点。该书认为，"列宿日月皆西移"[②]。东汉的王充曾引述儒者曰："日行一度，天一日一夜行三百六十五度。天左行，日月右行，与天相迎。"[③]并且指出："日月行迟，天行疾，天持日月转，故日月实东行而反西旋也。"[④]这明显属于右旋说。与张载同时代的邵雍指出："天为父，日为子，故天左旋，日右行。"[⑤]主张右旋说。而张载认为，日月五星顺天左旋，因速度稍慢于天左旋而右行，显然属于左旋说。后来的朱熹赞同张载的左旋说。其实，无论是右旋说或是左旋说，都认为天左旋，并且天左旋的速度比日月五星运行的速度快；右旋说以为，日月五星右旋，结果而左行；左旋说认为，日月五星左旋，结果而右行。

自汉代就已开始的左旋说与右旋说的争论，一直持续到明末清初。

①（唐）房玄龄等：《晋书》（二）卷十一《天文志上》，中华书局，1974年，第279页。
②（梁）沈约：《宋书》（三）卷二十三《天文志一》，中华书局，1974年，第679页。
③黄晖：《论衡校释》（二）卷十一《说日篇》，中华书局，1990年，第501页。
④黄晖：《论衡校释》（二）卷十一《说日篇》，中华书局，1990年，第498页。
⑤（宋）邵雍：《皇极经世书》卷十四《观物外篇下》，文渊阁四库全书本。

明末清初的天文学家游艺撰《天经或问》，在日月五星的旋转方向上主左旋说，认为“天体本一而各政居有上下，然共一心同为一制，诸政皆左旋而有自行轮”[①]。天文学家王锡阐撰《日月左右旋问答》，讨论“历家言日月右旋于天，而儒者乃云随天左旋”的问题，明确提出“右旋诚是也”[②]，并且对此作了论证。清初历算家梅文鼎，多处引用朱熹有关宇宙结构的言论。他虽然认为日月五星右旋之说与左旋之说“皆是也”，但明显更为推崇左旋说，并且指出：“右旋者已然之故，而左旋者则所以然之理也。”[③]

（二）对运行速度的研究

在论述日月五星运行方向的同时，张载对日月五星运行的速度问题也作了解释。关于日月五星运行速度的不同，很早就受到天文学家的关注和讨论。东汉张衡在《灵宪》中说：“文耀丽乎天，其动者七，日月五星是也，周旋右回，天道者，贵顺也。近天则迟，远天则速……迫于天也。”[④]张衡认为，日月五星右旋，其运行速度的不同，取决于离天的远近：离天近的，或者说离地远的，运行速度则较慢；离天远的，或者说离地近的，运行速度则较快。显然，在张衡看来，日月五星运行速度的不同是由于受到天的影响而各不相同，这就是所谓“迫于天”。张衡还认为，金星、水星离天远而离地近，所以运行较快，同时附于月而属阴；火星、木星、土星离天近而离地远，所以运行较慢，同时附于日而属阳。

张载在解释日月五星运行的速度时指出：

> 月阴精，反乎阳者也，故其右行最速；日为阳精，然其质本阴，故其右行虽缓，亦不纯系乎天，如恒星不动。金水附日

---

①（清）游艺：《天经或问》卷一，文渊阁四库全书本。

②（清）王锡阐：《晓庵遗书·日月左右旋问答》，《中国科学技术典籍通汇·天文卷六》，河南教育出版社，1995年，第598页。

③（清）梅文鼎：《历算全书》卷二《历学疑问·论左旋》，文渊阁四库全书本。

④（唐）瞿昙悉达：《唐开元占经》卷一《天体浑宗》，文渊阁四库全书本。

前后进退而行者，其理精深，存乎物感可知矣。镇星地类，然根本五行，虽其行最缓，亦不纯系乎地也。火者亦阴质，为阳萃焉，然其气比日而微，故其迟倍日。惟木乃岁一盛衰，故岁历一辰。[①]

在张载看来，日月五星中，属阴的，运行较慢；属阳的，运行较快。月为“阴精”，与阳相反，所以左行最慢，而右行最快。日为“阳精”，所以左行较快，而右行较慢；但由于“其质本阴”，所以不像恒星那样完全系乎天而不动。金星、水星与日一起前进后退。镇星，即土星，与地同类，但由于它是五行的根本，虽然右行最慢，但并不完全系乎地。火星与日一样，也为“阴质”，但其右行的速度比日慢一半。木星“岁历一辰”，即一年绕地十二分之一周，十二年绕地一周。据此可以推断，张载所给出的日月五星绕地右行自快到慢（或绕地左行自慢到快）的顺序是：（1）月“右行最速”；（2）日右行较月慢；（3）金星、水星“附日前后进退而行”；（4）火星“其迟倍日”；（5）木星“岁历一辰”；（6）土星“其行最缓”。需要指出的是，在张载看来，日月五星的运行速度不同是由于日月五星的阴阳属性不同，即所谓“间有缓速不齐者，七政之性殊也”[②]。显然，张载的解释与张衡所认为的——日月五星运行速度的不同是由于受到天的影响不同，有着较大的差别。

①②（宋）张载：《正蒙·参两篇》，《张载集》，中华书局，1978年，第11页。

三、月之变化与地之升降

（一）对月之朔望盈亏的解释

中国人很早就对月亮朔望盈亏的原因产生疑问。东汉王逸注《楚辞》“夜光何德，死则又育”曰：“夜光，月也；育，生也。言月何德于天，死而复生也……《书》有‘旁死魄’，‘哉生明’，‘既生魄’。死魄朔也；生魄望也。”[①] 以为月亮的朔望与月魄的死生有关。张衡《灵宪》则说：“夫日譬犹火，月譬犹水，火则外光，水则含景。故月光生于日之所照，魄生于日之所蔽，当日则光盈，就日则光尽也。”[②] 认为月亮的朔望盈亏与日月相对位置的变化有关。唐代孔颖达等《尚书正义》注“旁死魄”曰：“魄者，形也。谓月之轮郭无光之处，名魄也。朔后明生而魄死，望后明死而魄生，《律历志》云：死魄朔也，生魄望也。”[③] 可见，在古代，用“死魄朔也，生魄望也”的观点解释月亮的朔望，流传较广。

只是到了宋代沈括，月亮的朔望才有了较为正确的解释。他说：“月本无光，犹银丸，日耀之乃光耳。光之初生，日在其傍，故光侧而所见才如钩；日渐远则斜照而光稍满。如一弹丸，以粉涂其半，侧视之，则粉处如钩；对视之，则正圆。此有以知其如丸也。”[④] 与张衡一

①（汉）王逸：《楚辞章句》卷三《天问》，四部丛刊初编本。
②（晋）司马彪：《后汉书》（十一）志第十《天文上》。中华书局，1965年，第3216页。
③（汉）孔安国、（唐）孔颖达等：《尚书正义》卷十一，（清）阮元：《十三经注疏》（上册），中华书局，1980年，第184页。
④（宋）沈括：《梦溪笔谈》卷七《象数一》，胡道静：《梦溪笔谈校正》（上），上海古籍出版社，1987年，第309页。

样，沈括认为，月亮的盈亏只是日月相对位置的变化所致。显然，沈括的解释否定了月亮朔望与月魄死生有关的说法。对于这样的解释，后世的朱熹大为赞赏。他说："日月亏食，随所食分数，则光没而魄存，则是魄常在，而光有聚散也。所谓魄者在天，岂有形质邪？或乃气之所聚而所谓终古不易者邪？日月之说，沈存中《笔谈》中说得好，日食时亦非光散，但为物掩耳。"①朱熹《楚辞集注》还注"夜光何德，死则又育"曰："历象旧说，月朔则去日渐远，故魄死而明生；既望则去日渐近，故魄生而明死；至晦而朔，则又远日而明复生，所谓死而复育也。此说误矣。若果如此，则未望之前，西近东远，而始生之明，当在月东；既望之后，东近西远，而未死之明，却在月西矣。安得未望载魄于西，既望终魄于东，而溯日以为明乎？故唯近世沈括之说，乃为得之。"②

关于月亮的盈亏，张载说：

> 月于人为近，日远在外，故月受日光常在于外，人视其终初如钩之曲，及其中天也如半璧然。此亏盈之验也。③

在张载看来，日为"阳精"，能发光；月为"阴精"，本身不能发光，受日光而明亮。他还说："星月、金、水受光于火日，阴受而阳施也。"④"火日外光，能直而施；金、水内光，能辟而受。"⑤认为月亮以及金星、水星的光亮来源于太阳所施。由于"月于人为近，日远在外"，月受日光而明亮，又由于月行最速，日行较慢，日月相对的位置会发生变化，所以，人在不同的时候看到的月亮，就会有盈亏的变化。

与沈括所言相比，张载说"月受日光常在于外"，沈括说"月本无光，犹银丸，日耀之乃光耳"；张载说"人视其终初如钩之曲"，沈括

①《晦庵先生朱文公文集》卷四十七《答吕子约》（九），四部丛刊初编本。
②（宋）朱熹：《楚辞集注》卷三《天问》，上海古籍出版社，1979年，第53页。
③（宋）张载：《正蒙•参两篇》，《张载集》，中华书局，1978年，第11页。
④⑤（宋）张载：《正蒙•参两篇》，《张载集》，中华书局，1978年，第12页。

说“光之初生，日在其傍，故光侧而所见才如钩”；张载说“及其中天也如半璧然”，沈括说“日渐远则斜照而光稍满”。可见，两者有许多相同之处。当然，沈括所言似乎更为明确。且沈括又用“一弹丸，以粉涂其半”作比喻，又更为直观。

（二）对月食的解释

中国人对于月食成因的研究也很早。东汉高诱注《淮南子•说山训》“月望，日夺其光，阴不可以乘阳也”曰：“月十五日与日相望东西，中绳则月食，故夺月光也。差则亏，至晦则尽，故曰：阴不可以乘阳也。”[①] 认为月望时，当月与日相对在一直线时，就会有月食。张衡则说：“月光生于日之所照……当日之冲，光常不合者，蔽于（地）也。是谓阇虚。在星星微，月过则食。”[②] 这里的“阇虚”是指地球在太阳照射下，其背太阳方向所形成地影的暗处。月亮如果经过“阇虚”则会发生月食。沈括说：“黄道与月道，如二环相迭而小差。凡日月同在一度相遇，则日为之蚀；正一度相对，则月为之亏。”[③] 这里的“亏”应作“食”。沈括认为，当月亮隔着地球与太阳正相对时，而且太阳、地球与月亮三者又成一直线，就会发生月食。二程则说“月不受日光故食。不受日光者，月正相当，阴盛亢阳也。……月不下日，与日正相对，故食。”[④]

张载对月食的成因也作了解释。他说：

> 月所位者阳，故受日之光，不受日之精，相望中弦则光为之食。[⑤]

---

①（汉）刘安等：《淮南子》卷十六《说山训》，上海古籍出版社，1989年，第173页。
②（晋）司马彪：《后汉书》（十一）志第十《天文上》，中华书局，1965年，第3216页。
③（宋）沈括：《梦溪笔谈》卷七《象数一》，胡道静：《梦溪笔谈校正》（上），上海古籍出版社，1987年，第312页。
④《河南程氏遗书》卷十一，《二程集》（第一册），中华书局，1981年，第130页。
⑤（宋）张载：《正蒙•参两篇》，《张载集》，中华书局，1978年，第12页。

在张载看来，月与日相望于“中弦”时，就会发生月食。所谓“中弦”，张载在注《周易·丰·象》“月盈则食”时，指出：“月盈则食，中弦盈之极也。”[①]可见，“中弦”指的是上弦与下弦之中，即月望时。张载认为，月为“阴精”，并不能发光，但由于月的位置相对于日会发生变化，所以月可以受日之光，在月与日相望于“中弦”时，就会发生月食。应当说，张载以日、月的相对位置变化解释月食的成因，与张衡、沈括是一致的。

但需要指出的是，张载在解释月食的成因时，既讲日、月的相对位置变化，又运用了阴阳学说。张载说：

> 日质本阴，月质本阳，故于朔望之际精魄反交，则光为之食矣。[②]

在张载看来，日为“阳精”，其质本阴；月为“阴精”，其质本阳；所以，在朔时，日与月相会，日质之阴反交于月，阴盛而阳衰，出现日食；在望时，月与日相对，月质之阳反交于日，阳盛而阴衰，出现月食。

如前所述，张载在解释月左行最慢、右行最快和日左行较快、右行较慢时，同样依据的是所谓：日为“阳精”，其质本阴；月为“阴精”，其质本阳。为了进一步阐述这一观点，张载还说：

> 阴阳之精互藏其宅，则各得其所安，故日月之形，万古不变。[③]

在张载看来，虽有月之盈亏、月食与日食，但是，这并不是日、月之形的变化，而是由于月为阴中有阳、日为阳中有阴所致。

应当说，张载不满足于以日、月的相对位置变化解释月食的成因，而是要求进一步从日、月本身的属性做更为深入的研究，这对于认识月

①（宋）张载：《横渠易说·下经》，《张载集》，中华书局，1978年，第163页。
②③（宋）张载：《正蒙·参两篇》，《张载集》，中华书局，1978年，第12页。

食的成因是具有进步意义的。但是，他以阴阳学说为根据，提出所谓：日为“阳精”，其质本阴；月为“阴精”，其质本阳。试图用这样的观点解释月之盈亏、月食与日食，又使研究陷入了误区。

当然，张载以阴阳学说为根据解释月食的成因，可能与隋唐时期盛行的占星术有关。唐代魏徵所撰《隋书•天文志》中在论及月食时说：“月者，阴之精也。其形圆，其质清，日光照之，则见其明。日光所不照，则谓之魄。故月望之日，日月相望，人居其间，尽睹其明，故形圆也。二弦之日，日照其侧，人观其傍，故半明半魄也。晦朔之日，日照其表，人在其里，故不见也……张衡云：‘对日之冲，其大如日，日光不照，谓之阇虚。阇虚逢月则月食，值星则星亡。’今历家月望行黄道，则值阇虚矣。值阇虚有表里深浅，故食有南北多少。月为太阴之精，以之配日，女主之象也。以之比德，刑罚之义。列之朝廷，诸侯大臣之类。故君明则月行依度，臣执权则月行失道。大臣用事，兵刑失理，则月行乍南乍北。女主外戚擅权，则或进或退。月变色，将有殃。月昼明，奸邪并作，君臣争明，女主失行，阴国兵强，中国饥，天下谋僭。数月重见，国以乱亡。”①《隋书•天文志》认为，月食的出现与“臣执权”、“女主外戚擅权”有关。对于这种将月食与朝廷政治联系起来的占星术，王充早有过批评，指出：“在天之变，日月薄蚀。四十二月日一食，五（十）六月月亦一食。食有常数，不在政治。百变千灾，皆同一状，未必人君政教所致。”②与《隋书•天文志》不同，张载则根据日、月的阴阳关系来讲月食，并且认为“日月之形，万古不变”，显然是有针对性的。

对于月食的成因，张载虽然有时是根据日、月的阴阳关系来解释，但更多的还是用日、月的相对位置变化来说明。张载门人李复在所撰《论月食》中吸取了张衡的思想，更为明确地从日、月的相对位置变化

①（唐）魏徵等：《隋书》（二）卷二十《天文志中》，中华书局，1973年，第555～556页。
②黄晖：《论衡校释》（三）卷十七《治期篇》，中华书局，1990年，第773页。

论述了月食形成的原因，其中说道：“日月之行，各有度数，所行之道，其由自可推。然月者，阳体内藏，众阴外附者也……月之有光，待日照之方出……半照为弦，全照为望。望为日光所照，反夺日光者，当日之冲。有大如日者，历家谓之阇虚，阇虚当月，则月光必灭，故为月食。张衡亦曰：‘当日之冲，光常不合，是谓阇虚。在星则星微，遇月则月食。’若日夺月光，遇望必须食。然亦有不食者，由其所行之道异也。所行之道，若交则犯，故日月互相食也。交在朔前则日食，在望则月食。”[①]显然，这完全是在用日、月的相对位置变化来说明月食与日食的成因。

（三）对地有升降的解释

中国人对于大地的运动早有认识。据晋朝张华所撰《博物志》记载，《尚书纬•考灵耀》曰：“地有四游，冬至地上北而西三万里，夏至地下南而东三万里，春秋二分其中矣。地常动不止，譬如人在舟而坐，舟行而人不觉。”[②]东汉郑玄注《尚书纬•考灵耀》云：“天旁行四表之中，冬南夏北，春西秋东，皆薄四表而止。地亦升降于天之中，冬至而下，夏至而上。二至上下，盖极地厚也。地与星辰俱有四游升降。四游者，自立春地与星辰西游，春分西游之极，地虽西极，升降正中，从此渐渐而东，至春末复正。自立夏之后北游，夏至北游之极，地则升降极下，至夏季复正。立秋之后东游，秋分东游之极，地则升降正中，至秋季复正。立冬之后南游，冬至南游之极，地则升降极上，冬季复正。”[③]这里所说的地有“四游升降”就是指整个大地的平移升降运动。

①（宋）李复：《潏水集》卷五《论月食》，文渊阁四库全书本。

②范宁：《博物志校证》卷一，中华书局，1980年，第10页。

③（汉）郑玄、（唐）孔颖达等：《礼记正义》卷十四《月令》，（清）阮元：《十三经注疏》（下册），中华书局，1980年，第1352页。

宋代沈括对地表的运动变化有过论述。在解释黄河中下游陕县以西黄土高原成因时，他说："今关、陕以西，水行地中，不减百余尺，其泥岁东流，皆为大陆之土，此理必然。"[①]然后，他又指出"今成皋、峡西大涧中，立土动及百尺，迥然耸立，亦雁荡具体而微者，但此土彼石耳。既非挺出地上，则为深谷林莽所蔽，故古人未见，灵运所不至，理不足怪也。"[②]他还曾论述过地表的升降，指出："山崖之间，往往衔螺蚌壳及石子如鸟卵者，横亘石壁如带。此乃昔之海滨，今距东海已近千里。所谓大陆者，皆浊泥所湮耳。"[③]后来的朱熹据此明确提出了地表升降变化的规律，指出："常见高山有螺蚌壳，或生石中，此石即旧日之土，螺蚌即水中之物。下者却变而为高，柔者变而为刚，此事思之至深，有可验者。"[④]又说："今高山上多有石上蛎壳之类，是低处成高。又蛎须生于泥沙中，今乃在石上，则是柔化为刚。天地变迁，何常之有？"[⑤]同时，朱熹也赞同早期所谓"地之四游升降"之说，指出："谓地之四游升降不过三万里……春游过东三万里，夏游过南三万里，秋游过西三万里，冬游过北三万里。今历家算数如此，以土圭测之，皆合。"[⑥]

张载对大地的升降运动做了解释。他说：

> 地有升降，日有修短。地虽凝聚不散之物，然二气升降其间，相从而不已也。阳日上，地日降而下者，虚也；阳日降，地日进而上者，盈也；此一岁寒暑之候也。至于一昼夜之盈

①（宋）沈括：《梦溪笔谈》卷二十四《杂志一》，胡道静：《梦溪笔谈校正》（下），上海古籍出版社，1987年，第756页。
②（宋）沈括：《梦溪笔谈》卷二十四《杂志一》，胡道静：《梦溪笔谈校正》（下），上海古籍出版社，1987年，第762页。
③（宋）沈括：《梦溪笔谈》卷二十四《杂志一》，胡道静：《梦溪笔谈校正》（下），上海古籍出版社，1987年，第756页。
④（宋）黎靖德：《朱子语类》（六）卷九十四，中华书局，1986年，第2367页。
⑤（宋）黎靖德：《朱子语类》（六）卷九十四，中华书局，1986年，第2369页。
⑥（宋）黎靖德：《朱子语类》（六）卷八十六，中华书局，1986年，第2214页。

虚、升降，则以海水潮汐验之为信；然间有小大之差，则系日月朔望，其精相感。[①]

在张载看来，大地的升降运动是由于阴阳二气的升降所引起的，随阴阳二气的升降而不断变化；阳气一天天地上升，大地一天天地下降，天气就清虚；阳气一天天地下降，大地一天天地上升，天气就浑浊；这就造成了一年四季的气候变化。而且，一昼夜之间大地也有升降，天气也有变化，可以用海水潮汐来验证。至于潮汐的小大之差，则是由于日月朔望时阴阳之气相互感应而造成的。

关于潮汐问题，东汉王充早有讨论，他说："涛之起也，随月盛衰，大小满损不齐同。"[②]认为潮汐现象与月亮盈亏密切相关。唐代的窦叔蒙撰《海涛志》，并指出："潮汐作涛，必符于月。"还说："涛之潮汐，并月而生。日异月同，盖有常数矣。"[③]后来的邱光庭撰《海潮论》，则说："海之潮汐，不由于水，盖由于地也。地之所处，于大海之中，随气出入而上下。气出则地下，气入则地上。地下则沧海之水入于江河，地上则江河之水归于沧海。入于江湖谓之潮，归于沧海谓之汐。此潮汐之大略也。"[④]以为潮汐与大地的升降有关。北宋的张君房撰《潮说》，指出："凡月周天则及于日，日月会同，谓之合朔。合朔则敌体，敌体则气交，气交则阳生，阳生则阴盛，阴盛则朔日之潮大也。自此而后，月渐之东，一十五日，与日相望，相望则光偶，光偶则致感，致感则阴融，阴融则海溢。海溢则望日之潮犹朔之大也。"[⑤]燕肃撰《海潮图》，说"大率元气嘘吸，天随气而涨敛，溟渤往来，潮顺天而进退者也。以日者，重阳之母，阴生于阳，故潮附之于日也。月者，太阴之精，水者阴类，故潮依之于月也。是故随日而应月，依阴

①（宋）张载：《正蒙•参两篇》，《张载集》，中华书局，1978年，第12页。
②黄晖：《论衡校释》（一）卷四《书虚篇》，中华书局，1990年，第186页。
③（清）俞思谦：《海潮辑说》卷上《潮原》，清嘉庆间艺海珠尘本。
④（清）俞思谦：《海潮辑说》卷上《潮说存疑》，清嘉庆间艺海珠尘本。
⑤（清）俞思谦：《海潮辑说》卷上《潮原》，清嘉庆间艺海珠尘本。

而附阳，盈于朔望，消于朏魄（新月），虚于上下弦，息于朓朒（残月），故潮有小大焉。”①后来的沈括在批评唐代卢肇论海潮的同时，提出了自己的看法，指出：“卢肇论海潮，以谓‘日出没所激而成’，此极无理。若因日出没，当每日有常，安得复有早晚？予常考其行节，每至月正临子午则潮生，候之万万无差。此以海上候之，得潮生之时。去海远即须据地理增添时刻。月正午而生者为‘潮’，则正子而生者为‘汐’；正子而生者为‘潮’，则正午而生者为‘汐’。”②可见在唐宋时期，潮汐问题很受学者的关注。张载认为，大地升降可以用海水潮汐来验证，而潮汐的小大之差是由于日月朔望时阴阳之气相互感应所致。显然，这样的观点较多地吸取了邱光庭以及其他潮汐学者的看法。

从张载对整个宇宙天地结构的解释中可以看出，他的解释较多地吸取了前人的见解，并加以自己的探索和思考，提出了一些自己的看法。尤其是他提出的地在气中以及日月五星顺天左旋等看法，在当时是有一定科学价值的。当然，张载的宇宙天地结构论是他的“虚空即气”本体论的延伸，他的解释在很大程度上是从“虚空即气”出发的。而且，他在用“气”解释宇宙天地结构时，时常运用阴阳学说，多少带有某些牵强附会的成分，造成了在科学性方面有所欠缺。

①（清）俞思谦：《海潮辑说》卷上《潮说存疑》，清嘉庆间艺海珠尘本。
②（宋）沈括：《补笔谈》卷二《象数》，胡道静：《梦溪笔谈校正》（下），上海古籍出版社，1987年，第931页。

第四章

自然变化与人的生死
——探究万物变化的真谛

张载讲“虚空即气”“太虚即气”，不仅用以解释宇宙天地结构，而且还进一步解释自然万物的变化以及人的生死。他的《正蒙》在第一篇“太和”、第二篇“参两”之后，接着是第三篇“天道”、第四篇“神化”，主要阐述自然万物变化的规律与动因。第五篇“动物”，对包括动物、植物在内的自然界万事万物的变化以及人的生死问题作了深入的探讨，从而把他的“虚空即气”“太虚即气”的思想贯穿于对自然界变化的解释之中。

一、“气化”与“一物两体”

（一）“气化”：万物化生及其规律

在张载看来，“太虚”中的“太和”之气处于阴与阳、动与静的和谐感通之中。而且正因为如此，“太和”之气始终处于变化的状态，它内涵“虚实、动静之机”，通过阴阳二气的“絪缊、相荡、胜负、屈伸”而化生自然万物。这就是“气化”。张载说：

> 由太虚，有天之名；由气化，有道之名。①

所谓“气化”，即指阴阳之气化生万物。据《大戴礼记·曾子天圆》记载，孔子门人曾子在论及各种天气现象产生过程时说：“阳之

①（宋）张载：《正蒙·太和篇》，《张载集》，中华书局，1978年，第9页。

专气为雹，阴之专气为霰。霰雹者，一气之化也。”[①]认为霰、雹等天气现象是气化的产物。魏王弼注《周易》“天地感而万物化生”曰：“二气相与乃化生也。”[②]宋代理学家较多讲“气化”。周敦颐说：“无极之真，二五之精，妙合而凝，乾道成男，坤道成女，二气交感，化生万物。万物生生而变化无穷焉。”[③]二程说：“天地二气交感而化生万物。”[④]“天地之气，相交而密，则生万物之化醇……男女精气交构，则化生万物。”[⑤]认为天地二气交互作用而化生万物。他还说：“万物之始，皆气化；既形，然后以形相禅，有形化；形化长，则气化渐消。”[⑥]“陨石无种，种于气。麟亦无种，亦气化。厥初生民亦如是。”[⑦]认为从无生命物到有生命物，以至于最初的人，都是由气化而来的。

张载在讲“气化”的同时，还把“气化”分为“变”与“化”两种主要形式。他说：“变，言其著；化，言其渐。”[⑧]认为“变”是指显著变化，“化”是指逐渐变化。他还在注《周易·系辞上》“化而裁之存乎变，推而行之存乎通”时，说：

> “变则化”，由粗入精也，“化而裁之谓之变”，以著显微也。“化而裁之存乎变”，存四时之变，则周岁之化可裁；存昼夜之变，则百刻之化可裁。（“推而行之存乎通”，）推四时而行，则能存周岁之通，推昼夜而行，则能存百刻之通。[⑨]

①（汉）戴德：《大戴礼记》卷五《曾子天圆》，中华书局，1985年，第90～91页。
②（魏）王弼、（晋）韩康伯、（唐）孔颖达等：《周易正义》卷四，（清）阮元：《十三经注疏》（上册），中华书局，1980年，第46页。
③《周敦颐集》卷一《太极图说》，中华书局，2009年，第5页。
④《周易程氏传》卷三，《二程集》（第二册），中华书局，1981年，第855页。
⑤《周易程氏传》卷三，《二程集》（第二册），中华书局，1981年，第910页。
⑥《河南程氏遗书》卷五，《二程集》（第一册），中华书局，1981年，第79页。
⑦《河南程氏遗书》卷十五，《二程集》（第一册），中华书局，1981年，第161页。
⑧（宋）张载：《横渠易说·上经》，《张载集》，中华书局，1978年，第70页。
⑨（宋）张载：《横渠易说·系辞上》，《张载集》，中华书局，1978年，第208页。

在张载看来，“化”是恒常的，但可以裁分为不同阶段，每个阶段之间就是“变”，这就是“化而裁之谓之变”；“变”又引起“化”，由显著变化进入逐渐变化。比如，一年的变化是逐渐变化，但可以裁分为四季，而四季之间的变化是显著变化；一天时间的变化是逐渐变化，但可以裁分为昼夜，而昼夜之间的变化是显著变化。反过来说，正因为有了四季之间的显著变化，一年的逐渐变化才能够称得上变化；正因为有了昼夜之间的显著变化，一天时间的逐渐变化才能够称得上变化。可见，张载强调的是逐渐变化与显著变化之间的相互关联。当然，张载更为重视“化”，讲“气化”。他还说：“气有阴阳，推行有渐为化，合一不测为神。”①

张载讲“气化”，并且认为“气化”的过程有其规律，这就是“道”。所谓“由气化，有道之名”。需要指出的是，张载讲“道”，不同于道家所讲的“道”。在道家创始人老子那里，“道”是宇宙万物的根源，是化生天地万物的本体。老子《道德经》说：“有物混成，先天地生。寂兮寥兮，独立而不改，周行而不殆，可以为天下母。吾不知其名，字之曰道。”还说：“道生一，一生二，二生三，三生万物。”与此不同，在张载看来，“道”是指“气化”的规律，也可称作“理”。他说：“生成覆（帱），天之道也；亦可谓理……损益盈虚，天之理也；亦可谓道。”②“道”与“理”是相互联系的。正是在这个意义上，他认为“万物皆有理”③，也就是说，万物皆有规律。

张载说：

> 生有先后，所以为天序；小大、高下相并而相形焉，是谓天秩。天之生物也有序，物之既形也有秩。④

在张载看来，“气”化生万物的过程都是有条不紊的，在时间上

①（宋）张载：《正蒙·神化篇》，《张载集》，中华书局，1978年，第16页。
②（宋）张载：《张子语录中》，《张载集》，中华书局，1978年，第324页。
③（宋）张载：《张子语录中》，《张载集》，中华书局，1978年，第321页。
④（宋）张载：《正蒙·动物篇》，《张载集》，中华书局，1978年，第19页。

有先后，这就是“天序”；在空间上有大小高低的组合，这就是“天秩”。“气化”过程的这种秩序就是“理”。他还说：

> 天地之气，虽聚散、攻取百涂，然其为理也顺而不妄。[①]

张载认为，天地之气，虽然聚散、攻（排斥）取（吸引）的途径各不相同，但都遵循“气化”的规律，即“理”。他还在论及天地动静之理时说：“天地动静之理，天圆则须动转，地方则须安静。”[②]张载把“理”界定为规律的思想，在他的门人李复那里得到了进一步的阐发。李复在解释历法时说：“历法之必差，此自然之理也。天行不息，日月运转不已，皆动物也。物动不一，虽行度有大量可约，至于累日为月，累月为岁，盈缩进退，不能不有毫厘之差。始于毫厘，尚未甚见；积之既久，弦望晦朔遂差。”[③]认为日月的运行是不均匀的，所谓“物动不一”，因而造成“历法之必差”，这是“自然之理”。

（二）“一物两体”：万物化生的动因

张载讲“气化”，并且非常重视对“气化”动因的探讨。他认为，“气化”动因在于“气”本身。他说：“凡圜转之物，动必有机；既谓之机，则动非自外也。”[④]还说：“气块然太虚，升降飞扬，未尝止息……此虚实、动静之机。”[⑤]这里所谓的“机”，讲的就是“气化”的动因。而且，在张载看来，“气化”的动因“非自外也”，就在于“太虚”之气本身，即气的“一物两体”。

如前所述，张载以“一物两体”说明“太虚”之气中包含着对立的两个方面的和谐感通，因而是“太和”之气。但更为重要的是，张载提出“一物两体”还在于说明“太虚”之气的“气化”动因，即所谓“一

①（宋）张载：《正蒙·太和篇》，《张载集》，中华书局，1978年，第7页。
②（宋）张载：《横渠易说·系辞上》，《张载集》，中华书局，1978年，第177页。
③（宋）李复：《潏水集》卷五《又答曹钺秀才（二）》，文渊阁四库全书本。
④（宋）张载：《正蒙·参两篇》，《张载集》，中华书局，1978年，第11页。
⑤（宋）张载：《正蒙·太和篇》，《张载集》，中华书局，1978年，第8页。

故神，两在故不测。两故化，推行于一”[①]。

对于张载的“一物两体”，朱熹作了详细的注释，指出：“‘一故神’，横渠亲注云：‘两在故不测。’只是这一物，却周行乎事物之间。如所谓阴阳、屈伸、往来、上下，以至于行乎什伯千万之中，无非这一个物事，所以谓‘两在故不测’。‘两故化’，注云：‘推行乎一。’凡天下之事，一不能化，惟两而后能化。且如一阴一阳，始能化生万物。虽是两个，要之亦是推行乎此一尔。”又说：“‘一故神，两故化。’两者，阴阳、消长、进退。两者，所以推行于一；一所以为两。‘一不立，则两不可得而见；两不可见，则一之道息矣。’横渠此说极精。非一，则阴阳、消长无自而见；非阴阳、消长，则一亦不可得而见矣。”[②]显然，张载把“气化”动因归于“一物两体”，旨在说明阴阳的相互作用是“气化”的动因。

所谓“一故神”的“神”，即“神化”。张载说：“神化者，天之良能。”[③]还说：

> 神者，太虚妙应之目。凡天地法象，皆神化之糟粕尔。[④]

张载认为，“神化”是“太虚”之气神妙变化的本性，天地万物是“太虚”之气“神化”的结果。他还说：

> 神，天德，化，天道。德，其体，道，其用，一于气而已。[⑤]

在张载看来，“神化”与“气化”是有区别的，“神化”是“气”所具有的永恒的内在本性，是“体”。他还说：“气之性本虚而神，则

①（宋）张载：《正蒙·参两篇》，《张载集》，中华书局，1978年，第10页。
②（宋）黎靖德：《朱子语类》（七）卷九十八，中华书局，1986年，第2512页。
③（宋）张载：《正蒙·神化篇》，《张载集》，中华书局，1978年，第17页。
④（宋）张载：《正蒙·太和篇》，《张载集》，中华书局，1978年，第9页。
⑤（宋）张载：《正蒙·神化篇》，《张载集》，中华书局，1978年，第15页。

神与性乃气所固有。”[1]而“气化”是“气”的变化过程，是“用”。这里从“体用”关系上对“神化”与“气化”作了区别。张载还说：“惟神为能变化，以其一天下之动也；人能知变化之道，其必知神之为也。”[2]

就变化的状态而言，张载说：

> 一故神，譬之人身，四体皆一物，故触之而无不觉，不待心使至此而后觉也，此所谓“感而遂通，不行而至，不疾而速”也。物形乃有小大精粗，神则无精粗，神即神而已，不必言作用。[3]

> 有所感则化。感亦有（不速），难专以化言，感而遂通者神，又难专谓之化也。[4]

在张载看来，“神化”就是“感而遂通”的状态，是不知不觉的变化，因而与“气化”不同。而且，正是“太虚”之气这种神妙变化，导致“气化”的过程。

所谓“两故化”的“化”，即“气化”，而其动因就在于“两”。这个“两”有各种形式，而最主要的是阴阳、动静的相互作用。张载说：

> 造化所成，无一物相肖者，以是知万物虽多，其实一物；无无阴阳者，以是知天地变化，二端而已。[5]

在张载看来，“太虚”之气化生万事万物，虽各不相同，但“其实一物”，无非是阴阳二气的相互作用。他又说：

---

①（宋）张载：《正蒙•乾称篇》，《张载集》，中华书局，1978年，第63页。
②（宋）张载：《横渠易说•系辞上》，《张载集》，中华书局，1978年，第197页。
③（宋）张载：《横渠易说•系辞上》，《张载集》，中华书局，1978年，第200页。
④（宋）张载：《横渠易说•系辞上》，《张载集》，中华书局，1978年，第201页。
⑤（宋）张载：《正蒙•太和篇》，《张载集》，中华书局，1978年，第10页。

万物形色，神之糟粕……天大无外，其为感者细缊二端而已。①

天包载万物于内，所感所性，乾坤、阴阳二端而已。②

张载认为，自然万物的千变万化，归根结底是阴阳二气的相互作用。除了讲阴阳的相互作用化生万物，张载还讲动静。他说：

感者性之神，性者感之体。在天在人，其究一也。惟屈伸、动静、终始之能一也，故所以妙万物而谓之神，通万物而谓之道，体万物而谓之性。③

正是由于阴阳二气在相互作用中而有动静，才化生出自然万物，从而才体现出“太虚”之气的“神”“道”“性”。张载的弟子吕大临继承了“一物两体”的思想。他说：“大气本一，所以为阴阳者，阖辟而已。开门二机，无时止息，则阴阳二气安得而离？阳极则阴生，阴胜则阳复，消长凌夺，无俄顷之间，此天道所以运行而不息……一体二用，不可以二物分之。分之二用物，则阖辟之机露则布，生生之用息矣。”④明确强调阴阳二气的相互作用使得天道运行而不息。

二、对自然变化原因的探讨

张载把“一物两体”看作宇宙天地“气化”的动因，因此较多地用阴阳范畴来解释自然的变化。然而，早在《周易》那里，就有过类似的论

①（宋）张载：《正蒙·太和篇》，《张载集》，中华书局，1978年，第10页。

②（宋）张载：《正蒙·乾称篇》，《张载集》，中华书局，1978年，第63页。

③（宋）张载：《正蒙·乾称篇》，《张载集》，中华书局，1978年，第63～64页。

④（宋）吕大临：《易章句》，《蓝田吕氏遗著辑校》，中华书局，1993年，第181～182页。

述。《周易·系辞上》说："易有太极，是生两仪，两仪生四象，四象生八卦。"这里所说的，既是八卦的生成过程，又是宇宙万物的生成过程。《周易》认为，宇宙最初是浑然一体的"太极"，这是宇宙的开端。从此出发，太极分而为二：阳爻"⚊"和阴爻"⚋"，这就是"两仪"，即天和地，或阳和阴；天地阴阳产生之后，相互作用，产生"四象"：太阳"⚌"、太阴"⚏"、少阳"⚎"、少阴"⚍"，即夏、冬、春、秋四时；四象进而产生"八卦"：乾"☰"、坤"☷"、震"☳"、巽"☴"、坎"☵"、离"☲"、艮"☶"、兑"☱"，即天、地、雷、风、水、火、山、泽八种自然元素。这八种自然元素在相互作用下，不断生成新事物，新旧更替，生生不息，这就是《周易·说卦》所谓"水火相逮，雷风不相悖，山泽通气，然后能变化，既成万物也"。《周易·系辞上》还说："刚柔相摩，八卦相荡，鼓之以雷霆，润之以风雨，日月运行，一寒一暑。"《周易·系辞下》说："日往则月来，月往则日来，日月相推而明生焉。寒往则暑来，暑往则寒来，寒暑相推而岁成焉。往者屈也，来者信也，屈信相感而利生焉。"

宋代邵雍对《周易》的阴阳变化思想多有阐释。他说："太极既分，两仪立矣。阳下交于阴，阴上交于阳，四象生矣。阳交于阴，阴交于阳，而生天之四象。刚交于柔，柔交于刚，而生地之四象。于是八卦成矣。八卦相错，然后万物生焉。"[①]同时，邵雍还用动静范畴加以解释。他说："天生于动者也，地生于静者也，一动一静交而天地之道尽之矣。动之始则阳生焉，动之极则阴生焉，一阴一阳交而天之用尽之矣……太阳为日，太阴为月，少阳为星，少阴为辰，日月星辰交而天之体尽之矣……太柔为水，太刚为火，少柔为土，少刚为石，水火土石交而地之体尽之矣。日为暑，月为寒，星为昼，辰为夜，暑寒昼夜交而天之变尽之矣。水为雨，火为风，土为露，石为雷，雨风露雷交而地之化尽之矣。暑变物之性，寒变物之情，昼变物之形，夜变物之体，性情形体交而动植之感尽之矣。雨化

①（宋）邵雍：《皇极经世书》卷十三《观物外篇上》，文渊阁四库全书本。

物之走，风化物之飞，露化物之草，雷化物之木，走飞草木交而动植之应尽之矣。”[①]

邵雍用阴阳范畴解释自然界万事万物的生成，对后世影响很大。二程在解释气象以及寒暑变化时说：“阳唱而阴和，故雨。”[②]“霜，金气，星月之气。露亦星月之气……雹是阴阳相搏之气，乃是沴气。”[③]“电者阴阳相轧，雷者阴阳相击也。轧者如石相磨而火光出者，电便有雷击者是也。”[④]“冬寒夏暑，阴阳也。”[⑤]与二程一样，张载用阴阳解释万物的生成、万物的运动变化以及万物的相互感应。

（一）对万物生成的解释

对于自然界万事万物的生成，张载说：

> 阴性凝聚，阳性发散；阴聚之，阳必散之，其势均散。阳为阴累，则相持为雨而降；阴为阳得，则飘扬为云而升。故云物班布太虚者，阴为风驱，敛聚而未散者也。凡阴气凝聚，阳在内者不得出，则奋击而为雷霆；阳在外者不得入，则周旋不舍而为风；其聚有远近虚实，故雷风有小大暴缓。和而散，则为霜雪雨露；不和而散，则为戾气曀霾；阴常散缓，受交于阳，则风雨调，寒暑正。[⑥]

在张载看来，自然界的万事万物，包括各种天气气象的形成都是由于阴阳之气的聚散以及相互作用的结果；天空阴气凝聚，压制阳气，进而凝聚成雨而降；阳气如果吸收阴气，则形成云而上升；所以天空中的云，是阴气为风所驱动而凝聚成的。凡是阴气凝聚，阳气在里面无法出来，就

①（宋）邵雍：《皇极经世书》卷十一《观物篇五十一》，文渊阁四库全书本。
②《河南程氏遗书》卷二上，《二程集》（第一册），中华书局，1981年，第36页。
③《河南程氏遗书》卷十八，《二程集》（第一册），中华书局，1981年，第238页。
④《河南程氏遗书》卷二下，《二程集》（第一册），中华书局，1981年，第57页。
⑤《河南程氏遗书》卷十一，《二程集》（第一册），中华书局，1981年，第121页。
⑥（宋）张载：《正蒙·参两篇》，《张载集》，中华书局，1978年，第12页。

会与阴气相互激荡，而形成雷霆；如果在外的阳气进不去，就会围绕着阴气旋转而形成风；由于阴气凝聚有各种状况，所以，所形成的雷和风有大小、猛烈和缓之分。阴阳之气调和而消散，则形成霜、雪、雨、露；阴阳之气不调和而消散，则会形成大风和阴沉的天气；阴气经常消散而和缓，而与阳气相交，则风调雨顺，寒暑正常。

除了用阴阳范畴解释自然界万事万物的生成，张载还运用了与阴阳范畴密切相关的五行概念。他说：

> 形也，声也，臭也，味也，温凉也，动静也，六者莫不有五行之别，同异之变，皆帝则之必察者欤！①

张载认为，自然万物的各种属性及其变化都遵循着五行的法则。关于五行，可以追溯到《尚书•洪范》："五行：一曰水，二曰火，三曰木，四曰金，五曰土。水曰润下，火曰炎上，木曰曲直，金曰从革，土爰稼穑。润上作咸，炎上作苦，曲直作酸，从革作辛，稼穑作甘。"又据《国语•郑语》所载，西周末年，史伯讲"先王以土与金木水火杂，以成百物"。对此，张载说：

> 水火，气也，故炎上润下与阴阳升降，土不得而制焉。木金者，土之华实也，其性有水火之杂，故木之为物，水渍则生，火然而不离也，盖得土之浮华于水火之交也；金之为物，得火之精于土之燥，得水之精于（土）之濡。故水火相待而不相害，铄之反流而不耗，盖得土之精实于水火之际也。土者，物之所以成始而成终也，地之质也，化之终也，水火之所以升降，物兼体而不遗者也。②

张载认为，在金、木、水、火、土五行中，首先是有水和火，而且水和火都是气，所谓"（水）者，阴凝而阳未胜也；火者，阳丽而阴未尽

①（宋）张载：《正蒙•动物篇》，《张载集》，中华书局，1978年，第20页。
②（宋）张载：《正蒙•参两篇》，《张载集》，中华书局，1978年，第13页。

也”；“阳陷于阴为水，附于阴为火”[①]。所以，火苗向上，流水向下浸润，阳气上升，阴气下降。水和火的相互作用而有土，土中包含着水火相互作用时的精华。木和金是土里面化生出来的，并吸收了土中的水火精华，因此，在木和金中，水火互相依存而不会互相排斥。土是万物的来源和归宿，包含着水火精华。所以，万物都具有水火精华，都源于阴阳之气。这样，张载把万物以及五行都统一于阴阳。

（二）对万物运动的解释

张载强调万物的运行不息，他说：

> 天行何尝有息？正以静，有何期程？此动是静中之动，静中之动，动而不穷，又有甚首尾起灭？自有天地以来以迄于今，盖为静而动。天则无心无为，无所主宰，恒然如此，有何休歇？[②]

在张载看来，自然万物是在无声无息中永恒地运动着，没有首尾和起灭，而且是没有主宰的自己的运动。他还说：

> 天道不穷，寒暑（也）；众动不穷，屈伸（也）；鬼神之实，不越二端而已矣。[③]

张载认为，天地万物，无穷变化，而运动变化的原因来自阴阳二气的相互作用。他又说：

> 若阴阳之气，则循环迭至，聚散相荡，升降相求，细缊相糅，盖相兼相制，欲一之而不能，此其所以屈伸无方，运行不息，莫或使之。[④]

①（宋）张载：《正蒙•参两篇》，《张载集》，中华书局，1978年，第13页。
②（宋）张载：《横渠易说•上经》，《张载集》，中华书局，1978年，第113页。
③（宋）张载：《正蒙•太和篇》，《张载集》，中华书局，1978年，第9页。
④（宋）张载：《正蒙•参两篇》，《张载集》，中华书局，1978年，第12页。

张载认为，阴阳二气在宇宙间循环往复，有聚有散，相互激荡；有升有降，相互吸收；交融密合，相互糅合，就是因为阴阳不可分离、相互兼有、相互制约，而不可能有单一的阴或纯粹的阳。这正是阴阳二气变化无常、运行不息并没有外力驱使的原因之所在。他还说：

至虚之实，实而不固；至静之动，动而不穷。实而不固，则一而散；动而不穷，则往且来。①

在张载看来，阴阳二气之所以能够运动不穷和往来不止，是因为“气”本身是“至虚之实”，因而不会凝固，而且“气”是在无声无息中运动，因而不会休止。由此可见，张载讲天地万物由“气”聚合而成，不仅是为了用阴阳之气解释万物的化生，而且也是为了用阴阳之气解释万物的运动变化。

在讲万物运动变化的同时，张载还讲自然界的日月运行、寒暑变化。他说：

天地之道，惟有日月、寒暑之往来，屈伸、动静两端而已。②

他认为，天地之间惟有日月运行、寒暑变化以及万物的各种运动。张载还特别强调“昼夜之道”，认为日月运行、寒暑变化实际上与昼夜变化是一样的。他说：

昼夜者，天之一息乎！寒暑者，天之昼夜乎！天道春秋分而气易，犹人一寤寐而魂交。魂交成梦，百感纷纭，对寤而言，一身之昼夜也；气交为春，万物糅错，对秋而言，天之昼夜也。③

然而，在张载看来，昼夜变化实际上就是阴阳变化，所以“昼夜

①（宋）张载：《正蒙•乾称篇》，《张载集》，中华书局，1978年，第64页。
②（宋）张载：《横渠易说•下经》，《张载集》，中华书局，1978年，第126页。
③（宋）张载：《正蒙•太和篇》，《张载集》，中华书局，1978年，第9~10页。

之道”就是阴阳之道。他在诠释《周易·系辞下》“日月相推而明生”“寒暑相推而岁成”时说：

> “日月相推而明生，寒暑相推而岁成。”神易无方体，“一阴一阳”，“阴阳不测”，皆所谓“通乎昼夜之道”也。①

张载认为，《周易·系辞下》所说的日月交替运行而有昼夜，寒暑交互变化而有年岁，与“昼夜之道”是相通的。同时，这也就是阴阳之道。所以，他经常将阴阳与昼夜联系在一起，明确提出：“一阴一阳范围天地，通乎昼夜。”②

（三）对万物相感的解释

张载非常强调自然界事物的相互感应变化。他说：

> 物无孤立之理，非同异、屈伸、终始以发明之，则虽物非物也；事有始卒乃成，非同异、有无相感，则不见其成，不见其成则虽物非物，故一屈（一）伸相感而利生焉。③

在张载看来，自然界事物都不是孤立存在的，如果没有“同异”“屈伸”“终始”的相互对应，则虽物非物；同样，如果自然界事物之间没有“同异”“有无”的相互感应，事物就不能形成，则虽物非物。所以，自然界事物普遍存在着相互感应。

张载还认为，万物相感的方式是多种多样的。《周易·咸·彖》曰：“咸，感也，柔上而刚下，二气感应以相与，止而说，男下女，是以‘亨利贞取女吉’也。天地感而万物化生，圣人感人心而天下和平，观其所感而天地万物之情可见矣。”张载诠释说：

> 咸，感也……咸既可以配天地，则恒亦可以配天地，皆夫妇之道也。咸之为言皆也，故语咸则非事。“咸感也”，不可

---

①（宋）张载：《正蒙·太和篇》，《张载集》，中华书局，1978年，第9页。
②（宋）张载：《正蒙·太和篇》，《张载集》，中华书局，1978年，第8页。
③（宋）张载：《正蒙·动物篇》，《张载集》，中华书局，1978年，第19页。

止以夫妇之道谓之咸，此一事耳，男女相配，故为咸也。感之道不一：或以同而感，圣人感人心以道，此是以同也；或以异而应，男女是也，二女同居则无感也；或以相悦而感，或以相畏而感，如虎先见犬，犬自不能去，犬若见虎则能避之；又如磁石引针，相应而感也……感如影响，无复先后，有动必感，咸感而应，故曰咸速也。①

在这里，张载列举了“感”的多种方式，有“以同而感”“以异而应”“以相悦而感”“以相畏而感”“相应而感”等等，并认为，“感”是天地间普遍存在的。

此外，张载还用物体的相感解释声者的形成。他说：

声者，形气相轧而成。两气者，谷响雷声之类；两形者，桴鼓叩击之类；形轧气，羽扇敲矢之类；气轧形，人声笙簧之类。是皆物感之良能。人皆习之而不察者尔。②

张载认为，声者是由于有形物与气、气与气、有形物与有形物的相互摩擦而形成的。山谷中的雷声，是气与气的相互摩擦而形成的；击鼓声，是有形物与有形物的相互摩擦而形成的；摇扇子的声音，是有形物摩擦气而形成的；人声以及笙簧声，是气摩擦有形物而形成的。这些都是物体的相感所产生的。

至于万物相感的原因，张载说：“气有阴阳，屈伸相感之无穷，故神之应也无穷。”③认为万物的相感最终是由于阴阳之气的相感，而阴阳之气相感的无穷变化，导致万物相感的无穷变化。他还说：

物之所以相感者，利用出入，莫知其乡，一万物之妙者与！④

---

①（宋）张载：《横渠易说·下经》，《张载集》，中华书局，1978年，第124～125页。
②（宋）张载：《正蒙·动物篇》，《张载集》，中华书局，1978年，第20页。
③（宋）张载：《正蒙·乾称篇》，《张载集》，中华书局，1978年，第66页。
④（宋）张载：《正蒙·太和篇》，《张载集》，中华书局，1978年，第10页。

张载认为，物与物的相互感应是通过阴阳二气的感应来实现的，阴阳二气相互作用，变幻莫测，正是万物源于一气之神妙。

三、论人的生与死

在用“气化”概念解释自然变化的同时，张载还进一步对人的生死问题作了深入探讨，论述了“气”与人的生死的关系，“气”与“鬼神”的关系，并且对各种鬼神迷信作了批判。

（一）“气”与人的生死

关于“气”与人的身体的关系，《国语•周语下》已有论述，其中引单穆公所言：“口内味而耳内声，声味生气。气在口为言，在目为明……若视听不和，而有震眩，则味入不精，不精则气佚，气佚则不和。于是乎有狂悖之言，有眩惑之明。”认为气在身体内运动，影响人的视听，甚至人的精神和言论。战国中期，《庄子•知北游》说：“人之生，气之聚也。聚则为生，散则为死。”据《孟子•公孙丑上》所载，孟子讲“夫志，气之帅也；气，体之充也”。《管子•心术下》则讲“气者，身之充也”；《管子•内业》讲精气“藏于胸中，谓之圣人”，又说：“凡人之生也，天出其精，地出其形，合此以为人。”后来的《黄帝内经》则更多地讲人的“精气”。指出：“夫精者，身之本也。”[①] 又说：“人以天地之气生”，“人生于地，悬命于天，天地合气，命之曰人。”[②] 还说：“所谓五藏者，藏精气而不写（泻）也。”[③]

①（唐）王冰：《重广补注黄帝内经素问》卷一《金匮真言论》，四部丛刊初编本。
②（唐）王冰：《重广补注黄帝内经素问》卷八《宝命全形论》，四部丛刊初编本。
③（唐）王冰：《重广补注黄帝内经素问》卷三《五藏别论》，四部丛刊初编本。

北宋时期，周敦颐的《太极图说》既讲太极化生阴阳五行，阴阳五行化生万物和人，又讲“惟人也，得其秀而最灵”[①]。二程也讲人为“气”所化生。据《河南程氏粹言》所载：刘安节问：“太古之时，人物同生。”二程曰：“然。”问：“纯气为人，繁气为物乎？”二程曰：“然。”问：“其所生也，无所从受，则气之所化乎？”二程曰：“然。”[②]同时，二程对动、植物所禀之气的不同作了论述，指出：“动植之分，有得天气多者，有得地气多者，‘本乎天者亲上，本乎地者亲下’。然要之，虽木植亦兼有五行之性在其中，只是偏得土之气，故重浊也。”[③]二程还说：“唯人气最清。”[④]“人乃五行之秀气，此是天地清明纯粹气所生也。”[⑤]

张载也认为人与自然万物有着共同的本原。他说：

> 乾称父，坤称母；予兹藐焉，乃混然中处。故天地之塞，吾其体；天地之帅，吾其性。民吾同胞，物吾与也。[⑥]

在张载看来，天为父，地为母，人藐小地处于天地之中；天地之气，聚合成人的身体，气之性，即是人之性。人与人的关系是同胞兄弟关系，人与物的关系则是伙伴朋友关系。他说：“万物取足于太虚，人亦出于太虚。”[⑦]认为人与自然万物一样，都是出于“太虚”，是“气”聚而成。他还说：“游气纷扰，合而成质者，生人物之万殊。”[⑧]认为人与自然万物都是由天地间的“游气”聚合而生成。关于这一点，张载的弟子吕大临也说：“天生人物，流形虽异，同一气耳。人者，合一

①《周敦颐集》卷一《太极图说》，中华书局，2009年，第6页。
②《河南程氏粹言》卷二，《二程集》（第四册），中华书局，1981年，第1266页。
③《河南程氏遗书》卷二上，《二程集》（第一册），中华书局，1981年，第39页。
④《河南程氏遗书》卷二下，《二程集》（第一册），中华书局，1981年，第54页。
⑤《河南程氏遗书》卷十八，《二程集》（第一册），中华书局，1981年，第199页。
⑥（宋）张载：《正蒙·乾称篇》，《张载集》，中华书局，1978年，第62页。
⑦（宋）张载：《张子语录中》，《张载集》，中华书局，1978年，第324页。
⑧（宋）张载：《正蒙·太和篇》，《张载集》，中华书局，1978年，第9页。

气以为体，本无物我之别。”[①]后来的朱熹则作了进一步解释。据《朱子语类》载，问“游气”“阴阳”。朱熹曰：“游是散殊，比如一个水车……一上一下，只管滚转，中间带得水灌溉得所在，便是‘生人物之万殊’。天地之间，二气只管运转，不知不觉生出一个人，不知不觉又生出一个物。即他这个斡转，便是生物时节。”[②]

与二程一样，张载也对动、植物作了区分，指出：

> 动物本诸天，以呼吸为聚散之渐；植物本诸地，以阴阳升降为聚散之渐。物之初生，气日至而滋息；物生既盈，气日反而游散。

> 有息者根于天，不息者根于地。根于天者不滞于用，根于地者滞于方，此动植之分也。[③]

在张载看来，动物以天之“气”为根本，植物以地之“气”为根本；动物是“有息者”，植物是“不息者”。所以，动物以呼吸来反映气的聚散变化，即从生到死的变化；植物以春夏、秋冬的阴阳升降反映气的聚散变化，即从生长到收藏的变化。物初生时，“气”一天天地聚集，使物得以生长繁殖；物成熟时，“气”一天天地消散而返回。

张载认为，人为“有息者”，指出：“人之有息，盖刚柔相摩、乾坤阖辟之象也。”[④]所以，人亦属于动物。当然，张载认为，人又高于动物。他说：“得天地（之）最灵为人。”[⑤]人既然属于动物，那么当然也随着“气”的聚散而有生死。他还说：

> 海水凝则冰，浮则沤，然冰之才，沤之性，其存其亡，海

①（宋）吕大临：《礼记解》，《蓝田吕氏遗著辑校》，中华书局，1993年，第349页。
②（宋）黎靖德：《朱子语类》（七）卷九十八，中华书局，1986年，第2508页。
③（宋）张载：《正蒙•动物篇》，《张载集》，中华书局，1978年，第19页。
④（宋）张载：《正蒙•动物篇》，《张载集》，中华书局，1978年，第20页。
⑤（宋）张载：《横渠易说•系辞上》，《张载集》，中华书局，1978年，第195页。

不得而与焉。推是足以究死生之说。[①]

张载认为，海水遇冷凝聚成冰，冰漂浮而有水泡，冰和水泡的形成与消失是由其自身决定的，海不予干预。同样的道理，人的生死是由“气”的聚散所决定，天是不能够干预的，当然也不是人本身所能决定的。

（二）“气”与“鬼神”

人死而为鬼神的观念，由来已久。《礼记·祭法》说：“大凡生于天地之间者皆曰命；其万物死皆曰折；人死曰鬼；此五代之所不变也。”这里的“五代”指黄帝、尧、舜、禹、汤。又据《周礼·春官》记载，古有“大宗伯之职”“掌建邦之天神、人鬼、地示之礼，以佐王建保邦国”。《墨子·明鬼下》也说：“古之今之为鬼，非他也，有天鬼，亦有山水鬼神者，亦有人死而为鬼者。”

战国时期，一些思想家对鬼神作了新的解释。《管子·内业》讲精气“流于天地之间，谓之鬼神”。《周易·系辞上》说：“精气为物，游魂为变，是故知鬼神之情状。”东汉王充《论衡·论死篇》对人死而为鬼神的观念进行了批判，并指出：“鬼神，阴阳之名也，阴气逆物而归，故谓之鬼；阳气导物而生，故谓之神。”

张载则以“气”的聚散对鬼神做出解释。他说：

（气）至之谓神，以其伸也；反之为鬼，以其归也。[②]

张载认为，“气”聚集使物得以生长繁殖，而被称为“神”，因为是其得以伸长；“气”消散而返回，而被称为“鬼”，因为是回归其本然状态。所以，他又说：“天地变化至著至速者目为鬼神。”[③]认为人们所说的“鬼神”，不过是天地变化中最为显著和最为迅速的东西。

在诠释《周易·系辞上》所谓“精气为物，游魂为变，是故知鬼神

①②（宋）张载：《正蒙·动物篇》，《张载集》，中华书局，1978年，第19页。
③《张载集·性理拾遗》，《张载集》，中华书局，1978年，第373页。

之情状”时，张载曰：

> “精气为物，游魂为变”，精气者，自无而有；游魂者，自有而无。自无而有，神之情也；自有而无，鬼之情也。自无而有，故显而为物；自有而无，故隐而为变。显而为物者，神之状也；隐而为变者，鬼之状也。大意不越有无而已。物虽是实，本自虚来，故谓之神；变是用虚，本缘实得，故谓之鬼。此与上所谓神无形而有用，鬼有形而无用，亦相会合。①

张载认为，《周易·系辞上》所说“精气为物，游魂为变”中的“精气”，是就其“自无而有”“显而为物”而言，这是神之情状；“游魂”则是就其“自有而无”“隐而为变”而言，这是鬼之情状。因此，人们将实物自虚而来称为“神”；将实物变而为虚称为“鬼”；“鬼神”不过是气的“有形”与“无形”的相互转化。

正是由于以“气”的聚散解释鬼神，张载明确指出：“鬼神者，二气之良能也。”②“鬼神，往来、屈伸之义。”③认为鬼神是阴阳二气所具有的自然本能，是气的聚散变化、往来屈伸。他还说：“天道不穷，寒暑（也）；众动不穷，屈伸（也）；鬼神之实，不越二端而已矣。”④认为鬼神实际上是阴阳二气的相互作用。

对于张载所谓“鬼神者，二气之良能也”，朱熹作了解释，指出：“‘鬼神者，二气之良能’，是说往来屈伸乃理之自然，非有安排布置，故曰‘良能’也。”⑤并且还说：“横渠寻常有太深言语，如言‘鬼神二气之良能’，说得好。”⑥当然，朱熹还作了进一步发挥，指出：“张子曰：‘鬼神者，二气之良能也。’愚谓以二气言，则鬼者阴

---

①（宋）张载：《横渠易说·系辞上》，《张载集》，中华书局，1978年，第183～184页。
②（宋）张载：《正蒙·太和篇》，《张载集》，中华书局，1978年，第9页。
③（宋）张载：《正蒙·神化篇》，《张载集》，中华书局，1978年，第16页。
④（宋）张载：《正蒙·太和篇》，《张载集》，中华书局，1978年，第9页。
⑤（宋）黎靖德：《朱子语类》（四）卷六十三，中华书局，1986年，第1547页。
⑥（宋）黎靖德：《朱子语类》（八）卷一百二十五，中华书局，1986年，第3004页。

之灵也，神者阳之灵也。以一气言，则至而伸者为神，反而归者为鬼，其实一物而已。”①

（三）对鬼神迷信的批判

张载不仅以“气”的聚散变化、往来屈伸对鬼神做出解释，而且还对鬼神迷信进行了批判。他曾对门人范育好讲鬼神提出批评：

> 范巽之（范育）尝言神奸物怪，某以言难之，谓“天地之雷霆草木至怪也，以其有定形故不怪，人之陶冶舟车亦至怪也，以其有定理故不怪。今言鬼者不可见其形，或云有见者且不定，一难信；又以无形而移变有形之物，此不可以理推，二难信。又尝推天地之雷霆草木，人莫能为之，人之陶冶舟车，天地亦莫能为之。今之言鬼神，以其无形则如天地，言其动作则不异于人，岂谓人死之鬼反能兼天人之能乎？”②

张载认为，任何事物，若无定形、无定理则怪；有定形、有定理则不怪。为此，他提出了若干批判鬼神迷信的论据：其一，人言“鬼者不可见其形”，但又云“有见者且不定”，自相矛盾；其二，无形的鬼神可以移变有形之物，这不符合常理；其三，天地与人各有所能，又各有所不能，而人死之鬼既如天地而无形，又与人一样有动作，凭什么能兼天地与人之所能，而无所不能。张载接着又说：

> 今更就世俗之言评之：如人死皆有知，则慈母有深爱其子者，一旦化去，独不日日凭人言语托人梦寐存恤之耶？言能福善祸淫，则或小恶反遭重罚而大憝反享厚福，不可胜数。又谓“人之精明者能为厉”，秦皇独不罪赵高，唐太宗独不罚武后耶？又谓“众人所传不可全非”，自古圣人独不传一言耶？圣人或容不言，自孔孟而下，荀况、扬雄、王仲淹（王通）、韩愈，

①（宋）朱熹：《四书章句集注·中庸章句》，上海书店，1987年，第11页。
②《张载集·性理拾遗》，《张载集》，中华书局，1978年，第373页。

> 学亦未能及圣人，亦不见略言者。以为有，数子又或偶不言，今世之稍信实亦未尝有言亲见者。[①]

在这里，张载具体批评了与鬼神迷信相关的各种世俗的说法。对于所谓"人死皆有知"，张载认为，如果那样，那么深爱其子的慈母为什么没有能够天天托梦来表达关心？对于所谓鬼神"能福善祸淫"，张载认为，在事实上，"小恶反遭重罚"、"大憝反享厚福"的事例不可胜数。对于所谓"人之精明者能为厉"，张载认为，如果那样，那么秦始皇为什么不加罪于篡改遗诏的赵高，唐太宗为什么不责罚篡夺李氏王朝的武则天？对于所谓"众人所传不可全非"，张载认为，鬼神既是众人所传，为什么圣人以及历代学人都不言？不仅圣人、历代学人不言有鬼神，而且当今的信实之人也未尝有言亲见过鬼神。

除了批判世俗的鬼神迷信，张载还对佛教的人死后为鬼以及"六道轮回"[②]进行了批判，指出：

> 浮屠明鬼，谓有识之死受生循环，遂厌苦求免，可谓知鬼乎……惑者指游魂为变为轮回，未之思也。大学当先知天德，知天德则知圣人，知鬼神。今浮屠极论要归，必谓死生转流，非得道不免，谓之悟道可乎？悟则有义有命，均死生，一天人，惟知昼夜，通阴阳，体之不二。[③]

张载认为，佛教宣扬有鬼论，是因为他们不"知鬼"，而只有"知天德""知昼夜，通阴阳"，才能"知鬼神"。他还明确指出："大率知昼夜、阴阳则能（知）性命，能知性命则能知圣人，知鬼神。"[④]

---

①《张载集·性理拾遗》，《张载集》，中华书局，1978年，第373页。

②佛教认为，凡未解脱的一切众生死后为鬼，在天道、人道、阿修罗道、畜生道、饿鬼道、地狱道中无穷流转、生死轮回，即"六道轮回"。

③（宋）张载：《正蒙·乾称篇》，《张载集》，中华书局，1978年，第64页。

④（宋）张载：《正蒙·乾称篇》，《张载集》，中华书局，1978年，第65页。

第五章

历史影响与科学价值

张载所建构的以“气”为核心的自然观，对后世的思想文化，尤其是儒学以及科学的发展产生了重要的影响。宋明时期有不少重要儒家学者吸取并发展了张载的自然观，进而推动了儒学的发展。同时，在张载自然观的影响下，有不少科学家运用“气”的概念研究自然、研究科学，从而推动了科学的发展。特别是近代以来，一直有中外思想家深入开展对张载自然观与现代科学关系的研究，充分肯定张载自然观对于现代科学的价值。

一、对宋明儒学发展的影响

作为宋明儒学的重要组成部分，张载所建构的以“气”为核心的自然观，被南宋朱熹所大量吸收，成为其理学的重要内容。而且，随着朱熹理学影响的逐步扩大，张载的自然观得到广泛的传播。明代有不少儒家学者吸取并发展了张载的自然观，以王廷相以及明清之际的王夫之最为突出。

（一）朱熹对张载自然观的吸取

朱熹的思想主要是对二程理学的继承，因而并称“程朱理学”。如前所述，二程并不赞同张载以“清虚一大”之“气”为万物本体，而发展出理本论。然而，朱熹在继承二程建立理学体系的同时，大量地吸收了张载以“气”为核心的自然观，主要有以下三个方面：

第一，吸取了张载“虚空即气”的思想，提出了以“气”为起点的宇宙演化学说。朱熹曾经指出："天地初间只是阴阳之气。这一个气运行，磨来磨去，磨得急了，便拶许多渣滓；里面无处出，便结成个地在中央。气之清者便为天，为日月，为星辰，只在外，常周环运转。地便只在中央不动，不是在下。"① 朱熹认为，天地之间的万事万物，最初都是由天地间的阴阳之气所产生的，而且"天地初间只是阴阳之气"，这显然是对张载"虚空即气"自然观的吸取。

第二，吸取了张载的宇宙天地结构，提出了地以"气"悬空于宇宙之中的宇宙结构学说。如前所述，张载提出"地纯阴凝聚于中，天浮阳运旋于外，此天地之常体也"，以为地处于宇宙的中心，天为阳气在地之外绕地运行。朱熹吸取张载的这一观点，明确指出："天运不息，昼夜辗转，故地搉在中间……惟天运转之急，故凝结得许多渣滓在中间"；"天包乎地，地特天中之一物尔。天以气而运乎外，故地搉在中间，隤然不动。使天之运有一息停，则地须陷下"②。在朱熹看来，地之所以能够在"气"中，是因为"气"的不停运行。他还说："地则气之渣滓，聚成形质者；但以其束于劲风旋转之中，故得以兀然浮空，甚久而不坠耳"③。同时，朱熹还吸取了张载所谓"地在气中，顺天左旋"的思想，指出："天运有差，地随天转而差。今坐于此，但知地之不动耳，安知天运于外，而地不随之以转耶？"④ 重要的是，这个由张载提出，并由朱熹做进一步论证的天包乎地、地在"气"中的宇宙结构论，在中国古代天文学史上是重大的发展。中国科学史家认为，它克服了"张衡以来浑天家所谓地'载水而浮'，'天表里有水'的严重缺欠，把浑天说的传统理论提高到新的水平"⑤。

第三，吸取了张载关于日月五星左旋，并进一步提出天有九重以及天体运行轨道的思想。如前所述，张载提出日月五星顺天左旋，"稍

①②（宋）黎靖德：《朱子语类》（一）卷一，中华书局，1986年，第6页。
③（宋）朱熹：《楚辞集注》卷三《天问》，上海古籍出版社，1979年，第51页。
④（宋）黎靖德：《朱子语类》（六）卷八十六，中华书局，1986年，第2212页。
⑤杜石然等：《中国科学技术史稿》下册，科学出版社，1982年，第106页。

迟则反移徙而右尔”，对此，朱熹予以高度赞赏。据《朱子语类》载，问：“天道左旋，自东而西，日月右行，则如何？”朱熹曰：“横渠说日月皆是左旋，说得好。”[①]又载，问：“经星左旋，纬星与日月右旋，是否？”朱熹曰：“今诸家是如此说。横渠说天左旋，日月亦左旋。看来横渠之说极是。”[②]同时，在张载的宇宙结构中，“纯系乎天”的恒星以及日月五星都绕地运行，并且与地的距离各不相同。恒星“纯系乎天”，离地最远；其次，“月于人为近，日远在外”[③]。后来，朱熹在这基础上进一步指出：“自地之外，气之旋转，益远益大，益清益刚，究阳之数，而至于九，则极清极刚，而无复有涯矣。”[④]发展出天有九重的思想。甚至有科学史家指出：“从朱熹已有的论述，兼及他所推崇的张载左旋说来看，朱熹所说已经涉及了如下思想：天体是分层次分布的，计有九重。第九重为天壳，第八重为恒星，其下依次是土星、木星、火星、太阳、金星和水星、月亮。”[⑤]另据《朱子语类》载，朱熹与其门人在讨论张载“天左旋，日月亦左旋”时，有门人说：“此亦易见。如以一大轮在外，一小轮载日月在内，大轮转急，小轮转慢。虽都是左转，只有急有慢，便觉日月似右转了。”朱熹回应说：“然。但如此，则历家‘逆’字皆着改作‘顺’字，‘退’字皆着改作‘进’字。”[⑥]对此，李约瑟认为，朱熹“谈到‘大轮’和‘小轮’，也就是日、月的小‘轨道’以及行星和恒星的大‘轨道’”，因此，“不能匆匆忙忙地假定中国天文学家从未理解行星的运动轨道”[⑦]。还有科学史家说：“这里更形象而明确地以圆环来论述天和日、月运行的

①（宋）黎靖德：《朱子语类》（一）卷二，中华书局，1986年，第13页。
②（宋）黎靖德：《朱子语类》（一）卷二，中华书局，1986年，第15页。
③（宋）张载：《正蒙·参两篇》，《张载集》，中华书局，1978年，第11页。
④（宋）朱熹：《楚辞集注》卷三《天问》，上海古籍出版社，1979年，第51页。
⑤陈美东：《中国科学技术史·天文学卷》，科学出版社，2003年，第506页。
⑥（宋）黎靖德：《朱子语类》（一）卷二，中华书局，1986年，第16页。
⑦（英）李约瑟：《中国科学技术史》第四卷《天学》（第二分册），科学出版社，1975年，第547页。

轨道，且圆环有大小之别。这应是他们关于天和日、月等循着大小不同的圆环形轨道运行的思想的表述。”①

（二）王廷相对张载“虚空即气”的继承

王廷相是明中叶重要的思想家，著作主要有《慎言》《雅述》《丧礼备纂》等，并编有《王氏家藏集》。他非常赞赏张载的“虚空即气”思想，并撰《横渠理气辨》，指出：“张子曰：‘太虚不能无气，气不能不聚而为万物，万物不能不散而为太虚。循是出入，皆不得已而然也。’‘气之为物，散入无形，适得吾体；聚而有象，不失吾常。’‘聚亦吾体，散亦吾体。知死之不亡者，可与言性矣。’横渠此论，阐造化之秘，明人性之源，开示后学之功大矣。”②显然，王廷相继承了张载的“虚空即气”的思想以及建立在此基础上的自然观，主要有以下三个方面：

第一，根据张载“虚空即气”的思想提出“物虚实皆气”。在王廷相看来，“气”是万物的本原和本体。他说：“有形亦是气，无形亦是气，道寓其中矣。有形，生气也；无形，元气也。”③因此，他与张载一样，把“虚”与“气”等同起来，指出：“天内外皆气，地中亦气，物虚实皆气，通极上下造化之实体也。”④又说：“虚者气之本，故虚空即气；质者气之成，故天地万物有生。生者，‘精气为物’，聚也；死者，‘游魂为变”，归也。归者，返其本之谓也。返本，复入虚空矣。”⑤而且，王廷相还特别强调“太虚”为“气”之本体，指出：

---

①陈美东：《中国科学技术史•天文学卷》，科学出版社，2003年，第506页。

②（明）王廷相：《王氏家藏集》卷三十三《横渠理气辨》，《王廷相集》（二），中华书局，1989年，第602页。

③（明）王廷相：《慎言》卷一《道体篇》，《王廷相集》（三），中华书局，1989年，第751页。

④（明）王廷相：《慎言》卷一《道体篇》，《王廷相集》（三），中华书局，1989年，第753页。

⑤（明）王廷相：《慎言》卷十《五行篇》，《王廷相集》（三），中华书局，1989年，第808页。

“两仪未判，太虚固气也；天地既生，中虚亦气也，是天地万物不越乎气机聚散而已。是故太虚无形，气之本体清通而不可为象也。”[①]这无疑是对张载“太虚无形，气之本体”的解说。

第二，根据张载“气”的聚散思想提出“气有聚散，无灭息”。在王廷相看来，“气”的聚散而化生万物。他说：“有聚气，有游气。游聚合，物以之而化。化则育，育则大，大则久，久则衰，衰则散，散则无；而游聚之本，未尝息焉。”[②]又说：“气至而滋息，伸乎合一之妙也；气返而游散，归乎太虚之体也。是故气有聚散，无灭息。雨水之始，气化也；得火之炎，复蒸而为气。草木之生，气结也；得火之灼，复化而为烟。以形观之，若有有无之分矣，而气之出入于太虚者，初未尝减也。譬冰之于海矣，寒而为冰，聚也；融澌而为水，散也。其聚其散，冰固有有无也，而海之水无损焉。”[③]这些论述在很大程度上是来源于张载。

第三，根据张载“一物两体”的思想提出“阴阳者，造化之橐钥也”。在王廷相看来，“气”有阴阳，而且阴阳相须相待。他说：“有太虚之气，则有阴阳；有阴阳，则万物之种一本皆具。”[④]“天地未判之前，只有一气而已。一气中即有阴阳，如能动荡处便是阳，其葱苍叆叇之可象处便是阴，二者离之不可得。”[⑤]所以，王廷相较多地强调阴阳的不可分离。他还说：“如天能运转，阳也；其附缀星辰河汉处，阴也。日光炎灼处，阳也；其中闪烁之精，则阴也。月之体，阴也；其

①（明）王廷相：《慎言》卷二《乾运篇》，《王廷相集》（三），中华书局，1989年，第758页。

②（明）王廷相：《慎言》卷一《道体篇》，《王廷相集》（三），中华书局，1989年，第753页。

③（明）王廷相：《慎言》卷一《道体篇》，《王廷相集》（三），中华书局，1989年，第753-754页。

④（明）王廷相：《慎言》卷一《道体篇》，《王廷相集》（三），中华书局，1989年，第754页。

⑤（明）王廷相：《王氏家藏集》卷二十七《答何粹夫二》，《王廷相集》（二），中华书局，1989年，第490页。

受日光处，则阳也。火，阳也；本无形，必附于木石而后形，无木石则无火矣。是阳何尝离阴乎？水之始，云气也；得火之化而为液，无火则气而不水矣。是阴何尝离阳乎？非不可离，不得离也。”① 正是由于阴阳的相互作用，万物才得以化生。王廷相说：“阴阳，气也；变化，机也。机则神，是天地者，万物之大圆也。阴阳者，造化之橐钥也。”② 在这里，张载的“一物两体”思想得到了进一步的阐释。

（三）王夫之对张载自然观的发展

王夫之是明清之际的重要思想家，著作主要有《张子正蒙注》《读四书大全说》《周易外传》《尚书引义》《思问录》等。他继承了张载的哲学思想，并在所撰《张子正蒙注•序论》中指出：“张子之学，上承孔、孟之志，下救来兹之失，如皎日丽天，无幽不烛，圣人复起，未有能易焉者也。”③ 在《张子正蒙注》中，王夫之继承并发展了张载以“气”为核心的自然观，而最为重要的是，从张载“虚空即气”的思想中发展出具有科学意义的物质不灭的思想。

王夫之说：“阴阳二气充满太虚，此外更无他物，亦无间隙，天之象，地之形，皆其所范围也。散入无形而适得气之体，聚为有形而不失气之常。”④ 同时，他还对张载《正蒙》“气之为物，散入无形，适得吾体；聚为有象，不失吾常”注曰：“散而归于太虚，复其絪缊之本体，非消灭也。聚而为庶物之生，自絪缊之常性，非幻成也。”⑤ 在王夫之看来，由“气”聚而生成的物，随着“气”散而归于太虚，但并不意味着“消灭”。他还说：“（气）聚而成形，散而归于太虚，气犹是气也。”⑥

①②（明）王廷相：《王氏家藏集》卷二十七《答何粹夫二》，《王廷相集》（二），中华书局，1989年，第490页。

③（明）王夫之：《张子正蒙注•序论》，中华书局，1975年，第3页。

④（明）王夫之：《张子正蒙注》卷一《太和篇》，中华书局，1975年，第11页。

⑤（明）王夫之：《张子正蒙注》卷一《太和篇》，中华书局，1975年，第5页。

⑥（明）王夫之：《张子正蒙注》卷一《太和篇》，中华书局，1975年，第8页。

“气自足也，聚散变化，而其本体不为之损益。”[①]显然，王夫之已经从张载的“聚亦吾体，散亦吾体”中发展出“气”不灭的思想。王夫之还说：“有往来而无死生。往者屈也，来者伸也，则有屈伸而无增减。屈者固有其屈以求伸，岂消灭而必无之谓哉？”[②]这里不仅讲“气”的无死生，还讲“气”在量上的无增减，包含了物质守恒思想。

从“气”的不灭，王夫之通过诠释《易传》“形而上者谓之道，形而下者谓之器”，指出：“形而上，即所谓清通而不可象者也。器有成毁，而不可象者寓于器以起用，未尝成，亦不可毁，器敝而道未尝息也。”[③]认为器有成毁，而形而上的“道”，是未尝息也。

从形而上的“气”的不灭，王夫之又论及了自然界中具体的气的不灭。他说：“以天运物象言之，春夏为生、为来、为伸，秋冬为杀、为往、为屈，而秋冬生气潜藏于地中，枝叶槁而根本固荣，则非秋冬之一消灭而更无余也。”[④]认为自然界中促使植物春夏而生的“生气”，在秋冬，潜藏于地中，而并非消灭。

接着，王夫之又以三种有形物为例：其一，“车薪之火，一烈已尽，而为焰、为烟、为烬，木者仍归木，水者仍归水，土者仍归土，特希微而人不见尔。”柴薪经过燃烧，并没有化为乌有，而是变为火焰、烟雾和灰烬，以及看不见的细微物质；其二，“一甑之炊，湿热之气，蓬蓬勃勃，必有所归，若盦盖严密，则郁而不散。”水受热气化，必有所归，并不是消失；其三，“汞见火则飞，不知何往，而究归于地。”水银加热后而挥发，但最终是散落于地，并非消失。于是，王夫之得出结论：“有形者且然，况其细缊不可象者乎……故曰往来，曰屈伸，曰聚散，曰幽明，而不曰生灭。”[⑤]并且还说“倘如散尽无余之说，则此太极浑沦之内，何处为其翕受消归之府乎？又云造化日新而不用其故，则此太虚之内，亦何从得此无尽之储，以终古趋于灭而不匮邪？”[⑥]

---

①（明）王夫之：《张子正蒙注》卷一《太和篇》，中华书局，1975年，第3页。
②（明）王夫之：《周易外传》卷六《系辞下传》，中华书局，1977年，第230页。
③④⑤⑥（明）王夫之：《张子正蒙注》卷一《太和篇》，中华书局，1975年，第7页。

显然，王夫之物质不灭的思想，不仅包括了形而上的“气”的不灭，而且包括了具体的有形物的不灭；也不只是一种抽象的理论推导，而且是可以通过实物的验证，因而具有重要的科学价值。需要指出的是，王夫之的物质不灭思想是从张载“虚空即气”的思想而来，并做了重大的发展，从而把张载的自然观推进到更高的水平。

二、对后世科学发展的影响

张载以“气”为核心的自然观，不仅为后世大儒所继承和发展，而且，在为朱熹所吸取之后，对后世的科学发展产生了重要影响，出现了不少讲论“气”的科学家。其中最重要的有：朱世杰、李时珍、张介宾、宋应星、方以智等。他们把“气”与科学研究结合起来，从而推动了科学的发展。

（一）朱世杰《四元玉鉴》“以元气居中”

朱世杰是元代著名的数学家，著作主要有《算学启蒙》《四元玉鉴》等。他的重要数学著作《四元玉鉴》论述了多元高次方程组的求解和高阶等差级数等方面的问题，被美国著名科学史家乔治·萨顿（George Sarton）称为“中国数学著作中最重要的一部，同时也是中世纪最杰出的数学著作之一”①。

《四元玉鉴》的主要成就是四元术，即四元高次方程组的求解。该书“卷首”有“四象细草假令之图”一节，通过“一气混元”“两仪化

①转引自杜石然：《朱世杰研究》，钱宝琮等：《宋元数学史论文集》，科学出版社，1966年，204页。

元”“三才运元”“四象会元”的概念，分别给出了天元术、二元术、三元术、四元术的例题予以解答和说明[①]。这显然是受到《周易》的“易有太极，是生两仪，两仪生四象，四象生八卦”以及“三才之道”的影响。然而在这里，《周易》的“太极”被诠释为“元气”，以作为宇宙之始。因此，莫若《四元玉鉴·前序》指出：“其（四元术）法以元气居中，立天元一于下，地元一于左，人元一于右，物元一于上。阴阳升降，进退左右，互通变化，错综无穷。”祖颐《四元玉鉴·后序》也说：“（四元术）按天、地、人、物立成四元，以元气居中，立天勾、地股、人弦、物黄方。”朱世杰的四元术“以元气居中”，明显是受到张载“虚空即气”的影响。

（二）李时珍论“气”

李时珍是明代著名的医学家、药物学家，著作主要有《本草纲目》《奇经八脉考》《濒湖脉学》等。他的《本草纲目》是古代药物学之集大成，并且还涉及植物学、动物学、矿物学、化学等诸多学科领域，被英国著名生物学家达尔文（Charles Robert Darwin）称作“古代的中国百科全书”[②]。

在《本草纲目》中，李时珍认为，草木最初都是由“气”化生而来的。他说：“木乃植物，五行之一。性有土宜，山谷原隰。肇由气化，爰受形质。”[③]他还认为，人与草木一样，最初也源于气化。他说：“太初之时，天地细缊，一气生人，乃有男女。男女媾精，乃自化生。如草木之始生子，一气而后有根及子，为种相继也。”[④]因此，他用“气”来解释

①（元）朱世杰：《四元玉鉴》，郭书春：《中国科学技术典籍通汇·数学卷一》，河南教育出版社，1993年。

②（英）达尔文：《物种起源》，科学出版社，1972年，第25页。

③（明）李时珍：《本草纲目》（第三册）第三十四卷《木部·目录》，人民卫生出版社，1979年，第1911页。

④（明）李时珍：《本草纲目》（第四册）第五十二卷《人部·人傀》，人民卫生出版社，1981年，第2970页。

自然万物的生成。他说："石者，气之核，土之骨也。大则为岩岩，细则为砂尘。其精为金为玉，其毒为矾为砒。气之凝也，则结而为丹青；气之化也，则液而为矾汞。其变也：或自柔而刚，乳卤成石是也；或自动而静，草木成石是也；飞走含灵之为石，自有情而之无情也；雷震星陨之为石，自无形而成有形也。"①在这里，李时珍用"气"的变化来解释自然界物质的变化。他还说："天地造化而草木生焉。刚交于柔而成根荄，柔交于刚而成枝干，叶萼属阳，华实属阴，由是草中有木，木中有草。得气之粹者为良，得气之戾者为毒。故有五行焉（金、木、水、火、土），五气焉（香、臭、臊、腥、膻），五色焉（青、赤、黄、白、黑），五味焉（酸、苦、甘、辛、咸），五性焉（寒、热、温、凉、平），五用焉（升、降、浮、沉、中）。"②在李时珍看来，一切草木，无论是良或是毒，都是由气化而成，由于所得"气"的不同，因而形成了性质和功用各不相同的物质。因此，他说："天地之造化无穷，人物之变化亦无穷……变化皆由于一气也。"③认为，天地万物都是由"气"变化而来的。李时珍对于"气"的论述，既是他从事药物学研究的自然观基础，也反映出他对于张载以来的气学思想的接受。

（三）张介宾的"以气为本"

张介宾是明代著名医学家，著作主要有《类经》《类经图翼》《类经附翼》《景岳全书》等。然而，他的医学思想的理论基础在于他的"以气为本"自然观。张介宾认为，从宇宙生化过程来看，气为天地万物之本。他说："夫生化之道，以气为本，天地万物莫不由之。故气

---

①（明）李时珍：《本草纲目》（第一册）第八卷《金石部·目录》，人民卫生出版社，1975年，第455页。

②（明）李时珍：《本草纲目》（第二册）第十二卷《草部·目录》，人民卫生出版社，1977年，第687页。

③（明）李时珍：《本草纲目》（第四册）第五十二卷《人部·人傀》，人民卫生出版社，1981年，第2975页。

在天地之外，则包罗天地，气在天地之内，则运行天地，日月星辰得以明，雷雨风云得以施，四时万物得以生长收藏，何非气之所为？人之有生，全赖此气。”[①] 认为从天地万物到人都是“以气为本”。他还说：“万物之气皆天地，合之而为一天地；天地之气即万物，散之而为万天地。故不知一，不足以知万；不知万，不足以言医。”[②] 显然，“气”为天地万物以及人之本，是张介宾研究医学的理论基础。他还说：“大气者，太虚之元气也。乾坤万物，无不赖之以立。故地在太虚之中，亦惟元气任特之耳。”[③] 显然，这是吸取了张载“虚空即气”的思想。

张介宾详细讨论了自然界中阴阳精气的升降运动形式，并认为藉此可见天人一理。他说：“天地者，阴阳之形体也。云雨者，天地之精气也。阴在下者为精，精者水也，精升则化为气，云因雨而出也；阳在上者为气，气者云也，气降则化为精，雨由云而升也。自下而上者，地交于天也，故地气上为云，又曰云出天气；自上而下者，天交于地也，故天气下为雨，又曰雨出地气……天气下降，气流于地；地气上升，气腾于天。可见天地之升降者，谓之云雨；人身之升降者，谓之精气。天人一理，此其为最也。”[④] 张介宾非常重视阴阳二气对于人的重要性。他说：“天地之道，以阴阳二气而造化万物；人生之理，以阴阳二气而长养百骸。”[⑤] 又说：“凡万物生成之道，莫不阴阳交而后神明见。故人之生也，必合阴阳之气，构父母之精，两精相搏，形神乃成，所谓天地合气，命之曰人也。”[⑥] 就阴阳二气的关系而言，张介宾主张二者不可分离，指出：“阳为阴之偶，阴为阳之基。”[⑦]“阴根于阳，阳根于阴，阴

①（明）张介宾：《类经》（上册）卷一《摄生类》，人民卫生出版社，1965年，第5页。
②（明）张介宾：《类经图翼》卷一《运气上》，人民卫生出版社，1985年，第2页。
③（明）张介宾：《类经》（下册）卷二十三《运气类》，人民卫生出版社，1965年，第819页。
④（明）张介宾：《类经》（上册）卷二《阴阳类》，人民卫生出版社，1965年，第16页。
⑤（明）张介宾：《类经图翼·类经附翼》卷一《医易义》，人民卫生出版社，1985年，第390页。
⑥（明）张介宾：《类经》（上册）卷三《藏象类》，人民卫生出版社，1965年，第49页。
⑦（明）张介宾：《类经图翼·类经附翼》卷一《医易义》，人民卫生出版社，1985年，第392页。

阳结合，万象乃生。”[①] 他还明确提出“阴无阳不生，阳无阴不成，而阴阳之气，本同一体”[②]，这很可能是对张载“一物两体”思想的吸取。

（四）宋应星论“盈天地皆气也”

宋应星是明末著名的科学家，著作主要有《天工开物》《论天》《谈气》等。他的《天工开物》是对中国古代农业和工业生产技术系统而全面的总结，是科学技术的经典著作，在世界科学技术史中占有重要地位。

宋应星认为，天地万物都是由“气”构成的，指出：“盈天地皆气也。”[③]“尘埃空旷之间，二气之所充也。”[④] 而且他还说：“天地间非形即气，非气即形，杂于形与气之间者，水火是也。由气而化形，形复返于气，百姓日习而不知也。”[⑤] 又说：“夫由虚而有气，气传而为形……复返于气，气还于虚。”[⑥] 以为天地之间的物质虽然可以归结为“形”和“气”，但“形”是由太虚中的“气”所化生，并复归于“气”，复归于太虚。因此，宋应星非常关注“形”与“气”的关系，较多地讲“气化”。

就“气”化生“形”的过程而言，宋应星说：“由太虚而二气名，由二气而水火形。水火参而民用繁，水火合而太虚现。”[⑦] 又说：“水火

①（明）张介宾：《类经图翼》卷一《运气上》，人民卫生出版社，1985年，第3页。
②（明）张介宾：《类经图翼》卷一《运气上》，人民卫生出版社，1985年，第5页。
③（明）宋应星：《论气•气声二》，《野议 论气 谈天 思怜诗》，上海人民出版社，1976年，第66页。
④（明）宋应星：《论气•水火二》，《野议 论气 谈天 思怜诗》，上海人民出版社，1976年，第82页。
⑤（明）宋应星：《论气•形气化》，《野议 论气 谈天 思怜诗》，上海人民出版社，1976年，第52页。
⑥（明）宋应星：《论气•水非胜火说》，《野议 论气 谈天 思怜诗》，上海人民出版社，1976年，第80页。
⑦（明）宋应星：《论气•水非胜火说》，《野议 论气 谈天 思怜诗》，上海人民出版社，1976年，第81页。

神气，均停参和，长育人物于尘埃之中。”[①]他还说：“太清之上，（水火）二气均而后万物生；重泉之下，二气均而后百汇出。凡世间有形之物，土与金木而已。”[②]他认为，在从“气”化生为“形”的过程中，“气”生成水火之气，水火之气生成有形之物土、金、木，然后，由五行而生成万事万物。从这一观点出发，他认为，天地间的日、月、陨石、雨雹、土石、草木等自然物，都是由于气化而形成。他说：“气聚而不复化形者，日月是也。形而不复化气者，土石是也。气从数万里而坠，经历埃𡏖奇候，融结而为形者，星陨为石是也，气从数百初而坠，化为形而不能固者，雨雹是也。”[③]又说：“气从地下催腾一粒，种性小者为蓬，大者为蔽牛干霄之木，此一粒原本几何，其余则皆气所化也。”[④]而且，人及其声音也是“气化”而成。他说：“人物受气而生，气而后有声，声复返于气。是故形之化气也。”[⑤]

宋应星不仅讲从“气”化生为“形”，而且还讲“形”复返于“气”。他说：“初由气化形人见之，卒由形化气人不见者，草木与生人、禽兽、虫鱼之类是也。”[⑥]认为一切“形”都会化生为“气”。他还举例说：树木燃为灰烬，或枯枝落叶，“经年之后，潜化为气”；人所食之物，“皆气所化”，最后经过消化，形成粪便而排泄，“复返于气”。[⑦]

应当说，宋应星讲“盈天地皆气也”，认为“形”由太虚中的“气”所化生，并复归于“气”，复归于太虚，这一思想与张载讲“太

---

①（明）宋应星：《论气•寒热》，《野议 论气 谈天 思怜诗》，上海人民出版社，1976年，第93页。

②（明）宋应星：《论气•水火三》，《野议 论气 谈天 思怜诗》，上海人民出版社，1976年，第83页。

③④（明）宋应星：《论气•形气化》，《野议 论气 谈天 思怜诗》，上海人民出版社，1976年，第52页。

⑤（明）宋应星：《论气•气声》，《野议 论气 谈天 思怜诗》，上海人民出版社，1976年，第64页。

⑥（明）宋应星：《论气•形气化》，《野议 论气 谈天 思怜诗》，上海人民出版社，1976年，第52页。

⑦（明）宋应星：《论气•形气化》，《野议 论气 谈天 思怜诗》，上海人民出版社，1976年，第53页。

虚即气”，“气”聚而化生万物，散而复归于太虚，是完全一致的。

（五）方以智论“一切物皆气所为也”

方以智是明清之际的重要思想家、科学家，著作主要有《通雅》《物理小识》《东西均》《药地炮庄》等。他认为，天地万物都来源于“气”。他说：“一切物皆气所为也，空皆气所实也。”[①]又说：“虚固是气，实形亦气所凝成者，直是一气而两行交济耳。”[②]认为自然界中无论是“虚空”还是“实形”都是由“气”所构成的。他还引述其父方孔炤的话说：“世惟执形以为见，而气则微矣，然冬呵出口，其气如烟；人立日中，头上蒸歊，影腾在地；考钟伐鼓，窗棂之纸皆动；则气之为质，固可见也，充一切虚，贯一切实，更何疑焉！”[③]方以智还认为，自然界中的光和声也是由“气”所产生的。他说：“但以气言，气凝为形，蕴发为光，窍激为声，皆气也。”[④]又说：“气凝为形，发为光声，犹有未凝形之空气与之摩荡嘘吸。故形之用，止于其分；而光声之用，常溢于其余。气无空隙，互相转应也。”[⑤]在方以智看来，自然界中的空气、有形物以及光、声都来自“气”。因此，他说：“天地间凡有形者皆坏，惟气不坏。人在气中，如鱼在水；地在天中，如豆在脬，吹气则豆正脬中，故不坠。泰西之推有气映差，今夏则见河汉，冬则收，气浊之也。由此征之，虚空之中皆所充实也，明甚。人之不见，谓之‘太虚’，虚日生气，气贯两间之虚者、实者，而贯直生之人独灵。”[⑥]

方以智不仅讲“一切物皆气所为也”，而且还认为，阴阳二气不相

①（明）方以智：《物理小识》卷一《天类•气论》，文渊阁四库全书本。
②（明）方以智：《物理小识》卷一《天类•四行五行说》，文渊阁四库全书本。
③（明）方以智：《物理小识》卷一《天类•气论》，文渊阁四库全书本。
④（明）方以智：《物理小识》卷一《天类•四行五行说》，文渊阁四库全书本。
⑤（明）方以智：《物理小识》卷一《天类•光论》，文渊阁四库全书本。
⑥（明）方以智：《东西均•所以》，中华书局，1962年，第107页。

分离。他说："本一气也，而自为阴阳，分为二气，而各具阴阳，有时分用而本不相离，有时互用而不硋偏显，有时相制而适以相成，特人不著察耳。"[①]又说：阴与阳"初不得谓之二，又不得谓之一；一阴而一阳，一阴即一阳；成能即阴，所以成即阳；不落阴、阳，不离阴、阳，故曰：'一阴一阳之谓道'，而吾一以贯之。"[②]

除了讲"气"，方以智又讲"火"。他说："上律天时，凡运动皆火之为也。"[③]又说："天恒动，人生亦恒动，皆火之为也。"[④]他还从医学的角度说："天道以阳气为主，人身亦以阳气为主，阳统阴阳，火运水火也。生以火，死以火，病生于火，而养身者亦此火。"[⑤]然而，他又提出"火与气一也"[⑥]，"水火即元气也，气为体，水为相，火为用，不相离也"[⑦]。由此可见，方以智讲"气"，尽管有自己的特色，但仍然是对张载"气"论的继承和发挥。

三、从现代科学的角度看

从以上论述可以看出，作为中国古代的儒家学者，张载建构的以"气"为核心的自然观，不仅对后世的儒学产生了重要影响，而且还对中国古代科学的发展产生了积极的作用。尤为重要的是，张载的思想还在中西文化的交流中，很早就传到了西方，并受到关注。对于他的自然观，西方思想家多从自然科学的角度加以研究。与此同时，近代中国也

①（明）方以智：《物理小识》卷一《天类·水火本一》，文渊阁四库全书本。
②（明）方以智：《东西均·公符》，中华书局，1962年，第44页。
③④⑤（明）方以智：《物理小识》卷一《天类·水》，文渊阁四库全书本。
⑥（明）方以智：《物理小识》卷三《人身类·火与元气说》，文渊阁四库全书本。
⑦（明）方以智：《物理小识》卷五《医药类·医药通类约几》，文渊阁四库全书本。

有一些思想家从自然科学的角度诠释张载的“气”。直到今天，这样的研究还在持续。

但是西方思想家的研究与中国古代思想家讲“气”不同，如古希腊哲学家认为，天空充斥着“以太（ether）”。稍早于王夫之的法国哲学家笛卡儿（René Descartes）认为，“以太”是一种实体，一切物质都由它产生。同时，他还提出了“以太”作旋涡运动而产生物质的构想。此后，西方科学家开始较多地把“以太”解释为传导引力、光和电的媒介。其中德国哲学家莱布尼茨（Gottfried Wilhelm von Leibniz）很早就把中国的“气”与西方的“以太”等同起来。他在《致德雷蒙的信：论中国哲学》中指出：“气，在我们这里可以称之为‘以太’，因为物质最初完全是流动的，毫无硬度，无间断，无终止，不能分为部分。它是人们所想象的最稀薄的物体。”[①]又如美国传教士丁韪良（William Alexander Parsons Matin）则把张载的“气”等同于笛卡儿的“以太”，指出：“就像对于笛卡儿一样，对于张载来说，‘以太’乃是物质由以构成的原始材料；但是，张载比笛卡儿更向前推进一步，他进而认为，一切形态的物质注定还要复归于‘以太’。张载的原话是：‘在无限的空间里，物质交替地集聚和消散，很像冰在水中凝结又化开。’（‘气之聚散于太虚，犹冰凝释于水。’）”[②]同时，他还用笛卡儿的“旋涡”说解释张载的“气”的聚散，指出：“张载不仅同意笛卡儿关于物质是由‘以太’这种原始元素集聚而成的观点，而且他和他的同道们似乎已经有了用旋涡运动来解释集聚方式的猜测。”[③]

西方科学自明清之际进入中国以后，中国传统文化与西方科学的关系，一直是有识之士所关心和研究的问题。不少思想家往往用中国传统的

①（德）莱布尼茨：《致德雷蒙的信：论中国哲学（续一）》，《中国哲学史研究》，1981年第四期，第89页。

②③（美）丁韪良：《笛卡儿的“以太”、“旋涡”说与张载的“太虚即气”说》，《陕西师范大学学报》，1982年第四期，第95页。

概念诠释西方科学的概念，或用西方科学的概念改造中国传统的概念。

在这样的背景下，对西方科学颇有研究的清初学者黄百家在对张载《正蒙》作注时，就结合了与西方科学有关理论的比较。例如对于张载“凡圜转之物，动必有机”所表达的地旋转的思想，黄百家说：“地转之说，西人歌白泥（哥白尼）立法最奇：太阳居天地之正中，永古不动，地球循环转旋，太阴又附地球而行。依法以推，薄食陵犯，不爽纤毫。盖彼国历有三家，一多禄茂（托勒密），一歌白泥，一第谷。三家立法，迥然不异，而所推之验不异。”①又例如对于张载认为各种天气气象的形成都是阴阳之气的聚散以及相互作用的结果，黄百家说：“此先生（张载）以阴阳之气测想风雨露雷之由也。近代西人之说甚详，略述大旨：自地而上二百六十里有奇，为气域。气域分为三际，近地者为和际，中为冷际，上为热际。种种变化，悉在此气中。”②

张载的“气”与西方科学的“以太”概念的关系也得到了极大的关注，其中以谭嗣同对“气”和“以太”两者关系的研究最为突出。谭嗣同吸取张载的“气”论，认为天地万物都是由“气”所化生。他说：“元气细缊，以运为化生者也，而地球又运于元气之中，舟车又运于地球之中，人又运于舟车之中，心又运于人身之中。元气一运无不运者……是知天地万物果为一体。”③又说：“天以其浑沌磅礴之气，充塞固结而成质，质立而人物生焉。”④他还认为，天地之间充满着气，指出：“所谓天者气也，气附于地球，由地球而上，推气之所穷，至

①（清）黄宗羲、全祖望：《宋元学案》（第一册）卷十七《横渠学案上》，中华书局，1986年，第675页

②（清）黄宗羲、全祖望：《宋元学案》（第一册）卷十七《横渠学案上》，中华书局，1986年，第678～679页

③（清）谭嗣同：《石菊影庐笔识•思篇八》，《谭嗣同全集》卷二，三联书店，1954年，第247页。

④（清）谭嗣同：《石菊影庐笔识•思篇十》，《谭嗣同全集》卷二，三联书店，1954年，第248～249页。

于气极薄之处，去地约二百里，是气之在外者也。”[①]又说：“西人论气，由地而上，至二百里而尽矣，或谓不止二百里……二百里之气，乃生物之气，若夫天地往来之气，固无可止也。日达其气于地，月星皆达其气于地。月星之光，照地则明，是月星之气达于地矣。人目仰见月星，是地之气达于月星矣。”[②]

同时，谭嗣同又认为，“气”是一种传导引力、光和声的媒介。他说：“地球冯（凭）虚而运，所以不坠，大气举之。气何从生？日月五星地球之相与吸也。吸不力，地球坠而不均，偏而不能运。八面缭绕，彼牵此曳，蓬槁团飞，略无停晷。地球与日月五星，正各各相赖。”[③]又说：“西人谓地圆而动，人物附丽其上，面面皆是而不堕者，气吸之也。”[④]他还说：“夫天地非幻，即声光亦至实，声光虽无体，而以所凭之气为体。光一而已，其行也，气为光所烁而相射以流也。声一而已，其行也，气为声所迫而相禅以鸣也。”[⑤]在这里，“气”已经成为一种与西方科学中的“以太”相类似的具体物质。因此，他较多地用“以太”来解释各种自然现象。

关于“以太”，谭嗣同撰《以太说》，认为宇宙天地充满着“以太”。他说：“遍法界、虚空界、众生界，有至大、至精微，无所不胶粘、不贯洽、不莞络而充满之一物焉。目不得而色，耳不得而声，口鼻不得而臭味。无以名之，名之曰：‘以太。’其显于用也，为浪、为力、为质点、为脑气。法界由是生，虚空由是立，众生由是出。无形

①（清）谭嗣同：《石菊影庐笔识·思篇七》，《谭嗣同全集》卷二，三联书店，1954年，第246页。

②（清）谭嗣同：《石菊影庐笔识·思篇九》，《谭嗣同全集》卷二，三联书店，1954年，第248页。

③（清）谭嗣同：《与沈小沂书二》，《谭嗣同全集》卷三，三联书店，1954年，第432～433页。

④（清）谭嗣同：《石菊影庐笔识·思篇四》，《谭嗣同全集》卷二，三联书店，1954年，第243页。

⑤（清）谭嗣同：《石菊影庐笔识·思篇十四》，《谭嗣同全集》卷二，三联书店，1954年，第251页。

焉，而为万形之所丽。”[①]这里所谓“浪”，即指光波、声波、气浪、电波；所谓“力”，即指离心力、向心力。在谭嗣同看来，自然界中光波、声波、气浪、电波和离心力、向心力的传导媒介，以及万物的最小质点，都是“以太”。所以，他又说：“（人）身之骨二百有奇，其他筋肉血脉腑脏又若干有奇，所以成是而粘砌是，不使散去者，曰惟以太”；“地则众质点粘砌面成。何以能粘砌？曰惟以太。任剖某质点一小分，以至于无，察其为何物所凝结，曰惟以太”；“（日月星辰）皆互相吸引不散去；曰惟以太。其间之声、光、热、电、风、雨、云、露、霜、雪之所以然，曰惟以太”；“更小之又小至于无，其中莫不有微生物，浮寄于空气之中，曰惟以太”。[②]

谭嗣同既讲“气”，又讲“以太”，表明他看到了二者的相关性。但是，他讲的“以太”还包括构成万物的最小质点，并不完全相同于西方科学中的“以太”，而更像是张载的“气”。所以，谭嗣同讲“以太”，并不是要用西方科学中的“以太”代替“气”，而是在“气”的基础上，通过用“以太”概念丰富“气”的内涵，发展“气”的学说。但无论如何，谭嗣同将“气”与西方科学中的“以太”结合起来加以研究，揭示了“气”的学说对于科学的价值。

研究张载的“气”对于科学的价值，一直延续至今。当今有些学者非常重视张载的“气”对于现代物理学的价值，认为“中国古代的元气论与近代科学的场两者之间，有着极为相似的思想观念：①它们都以连续形态存在；②它们都不容许有绝对真空和超距作用；③它们都有使自己与粒子（或实物）之间的某种内在联系”[③]。另有西方学者认为，张载的“气”的概念与近代物理学中量子场的概念极为惊人地相似，并指出：“和量子场一样，‘气’也被看作是一种微妙而不可感知的物

①（清）谭嗣同：《以太说》，《谭嗣同全集》卷一，三联书店，1954年，第121页。
②（清）谭嗣同：《仁学》卷上，《谭嗣同全集》卷一，三联书店，1954年，第9～10页。
③戴念祖、刘树勇：《中国物理学史（古代卷）》，广西教育出版社，2006年，第330页。

质形式，它存在于整个空间中，并且能聚集成致密的有形物体。”[①]对此，有学者将张载、王夫之的“气”论与现代量子场论的某些思想进行比较，揭示了它们之间的相似性：（1）由张载“气”论发展而来的王夫之的物质不灭思想和现代量子场论中所包含的物质不灭思想是很相近的；（2）张载、王夫之的“气”论所揭示的物质结构连续性与间断性统一的思想和现代量子场论的观点不谋而合，“气”论中关于“气”与“形”的相互转化过程和量子场论中粒子与场的转化非常相似；（3）张载、王夫之的“气”论否定绝对虚空的存在，量子场论也有相似的观点；（4）张载、王夫之的“气”论赋予元气永恒运动和“动非自外”的特征，试图从事物自身说明自然界的运动和变化，量子场论也体现了类似的观点。[②]

从现代中医学的角度看，经张载而得以充分发展的古代元气论依然发挥着基础性的作用。它贯穿于中医理论体系的各个方面，其作用包括：（1）说明生命过程的物质性和运动性；（2）说明人的整体性和联系性；（3）说明生理现象和病理过程[③]。同时，与元气论相联系的古代阴阳学说，也贯穿于中医理论体系的各个方面，其作用包括：（1）阐释人体的组织结构；（2）概括人的生理功能；（3）说明人体的病理变化；（4）用于疾病的诊断；（5）用于疾病的治疗[④]。可见，元气论至今仍被认为是中医理论体系的基石。

---

①（美）F.卡普拉：《物理学之“道”——近代物理学与东方神秘主义》，北京出版社，1999年，第198～199页。

②刘月蕾：《元气学说与现代场理论》，宋正海、孙关龙：《中国传统文化与现代科学技术》，浙江教育出版社，1999年，第103～106页。

③何裕民：《中医学导论》，中国协和医科大学出版社，2004年，第32～34页。

④何裕民：《中医学导论》，中国协和医科大学出版社，2004年，第45～49页。

四、张载"民胞物与"的生态思想

如前所述，在张载的自然观体系中，包含了人与自然万物有着共同本原的思想。他说："乾称父，坤称母；予兹藐焉，乃混然中处。故天地之塞，吾其体；天地之帅，吾其性。民吾同胞，物吾与也。"[①] 以为人与自然万物都是出于"太虚"，是"气"聚合而生成，因而人与人的关系是同胞兄弟关系，人与物的关系则是同类伙伴关系，这就是所谓"民吾同胞，物吾与也"，即"民胞物与"。从现代生态学的角度看，张载讲"民胞物与"，蕴含着深刻的儒家生态思想。

儒家自孔子开始就有保护自然物的思想。据《论语·述而》载，孔子"钓而不纲，弋不射宿"。又据《礼记·祭义》载，曾子曰："树木以时伐焉，禽兽以时杀焉。"孔子曰："断一树，杀一兽，不以其时，非孝也。"另据《大戴礼记·卫将军文子》载，齐人高柴"开蛰不杀，方长不折"，孔子曰："开蛰不杀则天道也，方长不折则恕也，恕则仁也。"据《孟子·尽心上》载，孟子明确提出"仁民而爱物"。关于"爱物"，汉代董仲舒说："质于爱民，以下至于鸟兽昆虫莫不爱，不爱，奚足谓仁？"[②]

与此同时，儒家还讲"取之有时，用之有节"。《论语·学而》载孔子曰："道千乘之国，敬事而信，节用而爱人，使民以时。"《孟子·梁惠王上》载孟子曰："不违农时，谷不可胜食也；数罟不入洿

①（宋）张载：《正蒙·乾称篇》，《张载集》，中华书局，1978年，第62页。
②钟肇鹏：《春秋繁露校释（校补本）》（上）卷八《仁义法》，河北人民出版社，2005年，第565页。

池，鱼鳖不可胜食也；斧斤以时入山林，材木不可胜用也。谷与鱼鳖不可胜食，材木不可胜用，是使民养生丧死无憾也，王道之始也。”《荀子·王制》说：“草木荣华滋硕之时，则斧斤不入山林，不夭其生，不绝其长也。鼋鼍鱼鳖鳅鳣孕别之时，罔罟毒药不入泽，不夭其生，不绝其长也。春耕、夏耘、秋收、冬藏，四者不失时，故五谷不绝，而百姓有余食也。污池渊沼川泽，谨其时禁，故鱼鳖优多，而百姓有余用也。斩伐养长不失其时，故山林不童而百姓有余材也。圣王之用也。”

儒家讲“礼”，并且与“取之有时，用之有节”联系在一起。《礼记·月令》按照一年中季节的变化顺序，对各个季节、月份的天象、物候作了描述，并据此对各种农事活动作了安排。比如：孟春之月，“祀山林川泽，牺牲毋用牝。禁止伐木，毋覆巢，毋杀孩虫、胎夭飞鸟，毋麛毋卵”。《礼记·王制》说：“天子不合围，诸侯不掩群……獭祭鱼然后虞人入泽梁，豺祭兽然后田猎，鸠化为鹰然后设罻罗，草木零落然后入山林。昆虫未蛰不以火田，不麛，不卵，不杀胎，不殀夭，不覆巢。”这里都蕴含着“取之有时”的思想。汉代贾谊撰《新书》，其中《礼》指出：“礼，圣王之于禽兽也，见其生不忍见其死，闻其声不尝其肉，隐弗忍也。故远庖厨，仁之至也。不合围，不掩群，不射宿，不涸泽。豺不祭兽，不田猎；獭不祭鱼，不设网罟；鹰隼不鸷，睢而不逮，不出植罗；草木不零落，斧斤不入山林；昆虫不蛰，不以火田；不麛，不卵，不刳胎，不殀夭，鱼肉不入庙门，鸟兽不成毫毛不登庖厨。取之有时，用之有节，则物蕃多。”[①]这里明确提出“取之有时，用之有节”。

需要指出的是，早期儒家讲“仁民而爱物”，讲“取之有时，用之有节”，是以“爱有差等”为依据，是从人的利益出发的。据《论语·乡党》载：厩焚，子退朝，曰：“伤人乎？”不问马。应当说，孔

①（汉）贾谊：《新书》卷六《礼》，《新书校注》，中华书局，2000年，第216页。

子并不是不重视马，而是认为，人比马更为重要。《孟子·尽心上》载孟子曰："君子之于物也，爱之而弗仁；于民也，仁之而弗亲。亲亲而仁民，仁民而爱物。"认为"爱物"之"爱"，不同于"仁民"之"仁"，更不同于"亲亲"之"亲"。对此，东汉赵岐注曰："先亲其亲戚，然后仁民，仁民然后爱物，用恩之次者也。"宋孙奭疏曰："孟子言，君子于凡物也，但当爱育之，而弗当以仁加之也，若牺牲不得不杀也；于民也，当仁爱之，而弗当亲之也。以爱有差等也。是则先亲其亲，而后仁爱其民；先仁爱其民，然后爱育其物耳。是又见君子用恩有其伦序也。"[①] 孟子、荀子以及《礼记·月令》要求按照不同时节开发和利用自然物，虽然与盲目的开发利用不同，包含了保护自然的内涵，但由于其目的在于实现"不可胜食""不可胜用"，因而较为接近以人类为中心。

与早期儒家不同，张载的"民胞物与"，是从人与物有着共同本原的思想出发，讲人与物的关系是同类伙伴关系，更为强调人与物的平等，这是对早期儒家从人的利益出发保护自然思想的进一步发展。

对于张载的"民胞物与"，朱熹作了进一步解释，指出：

> 人、物并生于天地之间，其所资以为体者，皆天地之塞；其所得以为性者，皆天地之帅也。然体有偏正之殊，故其于性也，不无明暗之异。惟人也，得其形气之正，是以其心最灵，而有以通乎性命之全，体于并生之中，又为同类而最贵焉，故曰"同胞"。则其视之也，皆如己之兄弟矣。物则得夫形气之偏，而不能通乎性命之全，故与我不同类，而不若人之贵。然原其体性之所自，是亦本之天地而未尝不同也，故曰"吾与"。则其视之也，亦如己之侪辈矣。惟同胞也，故以天下为一家，中国为一人……惟吾与也，故凡有形

① （汉）赵岐、（宋）孙奭：《孟子注疏》卷十三下《尽心章句上》，（清）阮元：《十三经注疏》（下册），中华书局，1980年，第2771页。

于天地之间者，若动若植，有情无情，莫不有以若其性、遂其宜焉。此儒者之道，所以必至于参天地、赞化育，然后为功用之全，而非有所强于外也。①

在朱熹看来，张载的“民胞物与”既讲人与物有共同的本原而属于同类，又讲人不同于物而为同类中最贵者，而且物与物之间也是各不相同的。因此，对于不同的物，要给予不同的对待，应当“若其性、遂其宜”，也就是要根据自然物的特殊性，合理地予以对待，并且只能采取辅助的方式，而不是外在的强加。

由此可见，张载的“民胞物与”，并不是单纯地讲爱护自然、保护自然，而是要从人与物属于同类、互相平等的立场出发，要求根据自然物的特殊性，予以合理的对待。“取之有时，用之有节”，既体现对于自然万物特殊性的尊重，又实现对自然物的合理开发和利用，达到人与自然的相互和谐与共同发展。这实际上是一种以尊重自然为前提、以人与自然和谐为中心的生态观。这种生态观，在当今生态环境不断恶化、以人类为中心的生态观备受质疑的背景下，无疑具有重要的价值。

①（宋）朱熹：《西铭解》，朱杰人等编《朱子全书》（第13册），上海古籍出版社、安徽教育出版社，2002年，第141～142页。

附录：

民国时期对张载自然观的研究

现代对于张载自然观的研究可以追溯到民国时期。早在1910年出版的蔡元培《中国伦理学史》在讨论张载的思想时就阐述了他的“太虚”。1916年，谢无量的《中国哲学史》出版，这是民国时期第一部以“中国哲学史”命名的学术著作，其中在阐述张载的哲学思想时，讨论了张载的“气一元论”。此后，凡是全面阐述中国哲学史或是宋代理学的学术著作，比如赵兰坪的《中国哲学史（卷下）》（1925年）、贾丰臻的《宋学》（1929年）、吕思勉的《理学纲要》（1931年）、陈钟凡的《两宋思想述评》（1933年）等，在阐述张载的哲学思想时，都包含了对于张载自然观的讨论。尤其是冯友兰的《中国哲学史》与张岱年的《中国哲学大纲》对张载自然观的阐述最为深入全面，且影响最大。

冯友兰《中国哲学史》论张载自然观

冯友兰（公元1895—1990年），字芝生，河南唐河县人。他自幼习读“四书”“五经”，先是朱熹《四书章句集注》，后是《诗经》《书经》《易经》《左传》等。1915年，他考入北京大学法科，入学后转入文科哲学门，学习中国哲学；1919年，考上公费留学，到美国哥伦比亚大学研究院哲学系当研究生；1923年回国，任河南中州大学教授兼文科主任；后来又先后任教于燕京大学、清华大学，并在清华大学期间，曾兼任文学院院长等；1948年，当选为南京中央研究院院士；1952年，调任北京大学教授；1955年，被选为中国科学院哲学社会科学部学部委员。冯友兰一生致力于哲学以及中国哲学史的研究，著作主要有《人生哲学》（1926年）、《中国哲学史》（1934年）、《新理学》（1939

年）、《新事论》（1940年）、《新世训》（1940年）、《新原人》（1943年）、《儒家哲学及其修正》（1944年）、《新原道》（1945年）、《新知言》（1946年）、《中国哲学简史》（1848年）、《中国哲学史史料学初稿》（1962年）、《中国哲学史新编》（1982—1990年）等。

冯友兰《中国哲学史》于1934年由上海商务印书馆出版，其中第二篇“经学时代”第十二章“张横渠及二程”论及张载自然观：

1. 气

横渠之学，亦系从《易》推衍而来。《系辞》谓：“《易》有太极，是生两仪。”横渠亦曰：

> “两不立，则一不可见。一不可见，则两之用息。两体者，虚实也，动静也，聚散也，清浊也，其究一而已。”（《正蒙·太和篇》，《全集》卷二，《正谊堂全书》本，页九）

此“一”即太极。横渠云：

> “有两则有一，是太极也……一物而两体，其太极之谓欤?”（《易说》卷三，《通志堂经解》本，页十一）

此“一”横渠又谓之为“太和”。横渠云：

> “太和所谓道，中涵浮沉升降动静相感之性，是生絪缊相荡胜负屈伸之始……不如野马絪缊，不足谓之太和。语道者知此谓之知道，学《易》者见此谓之见《易》。”（《正蒙·太和篇》，《全集》卷二，页二至三）

庄子《逍遥游》云：“野马也，尘埃也，生物之以息相吹也。”司马云：“野马春日泽中游气也。”横渠所谓太和，盖指此等“气”之全体而言。在其散而未聚之状态中，此气即所谓太虚。故横渠谓：“太虚无形，气之本体。”（同上，页三）又云：

"气之聚散于太虚，犹冰凝释于水。知太虚即气则无无。"（同上，页六至七）

吾人所见空若无物之太虚，实非无物，不过气散而未聚耳，无所谓无也。故曰："知太虚即气则无无。"

气中所"涵浮沉升降动静相感之性"，简言之，即阴阳二性也。一气之中，有此二性，故横渠云：

"一物两体，气也。一故神，两故化。"（《正蒙·参两篇》，《全集》卷二，页十一）

一气之中，有阴阳二性，故为"一物两体"。当其为"一"之时，则"清通而不可象为神"（《正蒙·太和篇》，《全集》卷二，页二至三），所谓"一故神"也。因其中有阴阳二性，故"生细缊相荡、胜负屈伸之始"。细缊相荡，即二性之表现也。气有二性，故细缊相荡，聚而为万物。所谓"两故化"也。横渠又云：

"气块然太虚，升降飞扬，未尝止息，《易》所谓细缊，庄生所谓生物以息相吹野马者欤？此虚实动静之机，阴阳刚柔之始。浮而上者阳之清，降而下者阴之浊。其感遇聚散，为风雨、为雪霜。万品之流形，山川之融结，糟粕煨烬，无非教也。"（同上，页五）

气中有可相感之阴阳二性，故气即不能停于太虚之状态中，而"升降飞扬，未尝止息"。其涵有二性之气，"细缊相荡"，或胜或负，或屈或伸。如其聚合，则即能为吾人所见而为物。气聚即物成，气散即物毁。横渠云：

"气聚则离明得施而有形；气不聚则离明不得施而无形。方其聚也，安得不谓之客？方其散也，安得遽谓之无？故圣人仰观俯察，但云知幽明之故，不云知有无之故。"（同上，页六）

离为目，离明得施者，即吾人目之明所能见者。气聚则能为吾人所见而为有形；气散则不能为吾人所见而为无形。气聚为万物；万物乃气聚之现象。以气聚散不定，故谓之为“客形”。所谓“太虚无形，气之本体，其聚其散，变化之客形尔”(同上，页三)。

2. 宇宙间事物所遵循之规律

气聚而生物；物之生系遵循一定的规律。横渠云：

> “生有先后，所以为天序。小大高下，相并而相形焉，是为天秩。天之生物也有序；物之既形也有秩。”(《正蒙•动物篇》，《全集》卷三，页二)

横渠又云：

> “天地之气，虽聚散攻取百涂；然其为理也，顺而不妄。”(《正蒙•太和篇》，《全集》卷二，页三)

气之“聚散攻取”，虽百涂不同，然皆遵循一定的规律。故物之生有一定的次序；一物之成，有一定的结构组织。此所谓“天序”“天秩”也。此即所谓“理”。气之聚散攻取，皆顺是理而不妄。如此说法，则于气之外，尚须有理。以希腊哲学中之术语说之，则物为质(Matter)而理为式(Form)。质入于式，乃为一个具体的物。不过横渠于此点，仅略发其端，至于大成，则有待于后起之朱子。

3. 宇宙间之几种普遍的现象

气虽聚散攻取百涂，然皆遵循一定的规律。故宇宙间有几种普遍的现象。横渠云：

> “气本之虚，则湛本无形。感而生，则聚而有象。有象斯有对，对必反其所为。有反斯有仇，仇必和而解。故爱恶之情，同出于太虚，而卒归于物欲。倏而生，忽而成，不容有毫发之间，其神矣夫！”(同上，页十)

阴阳交感，则气升降飞扬，聚而有象而成为物。有一物必有与之相反者以对之。此与之相反者，与之立于仇敌之敌位。然相反之物，亦能川成；及气散则相反相仇之物，又复同归于太虚，此所谓“和而解”者也。物相反相仇，则有恶之情；相和相成，则有爱之情；此所谓“物欲”也。然此等物欲，亦同出于太虚，终亦复归于太虚。此为宇宙间之一种普遍的现象。

横渠又云：

> “物无孤立之理。非同异屈伸终始以发明之，则虽物非物也。得有始卒乃成，非同异有无相感，则不见其成。不见其成，则虽物非物，故曰：‘屈伸相感而利生焉。’”（《正蒙·动物篇》，《全集》卷三，页二）

有一物必有与之相反者。若仅有一孤立的物，则此物即不成其为物。盖一物之所以为一物，一部分即其对于宇宙间他事物之关系也。此诸关系即构成此物之一部分，使之成为此物，所谓“以发明之”也。物无孤立者；此又为宇宙间之一种普遍的现象。

横渠又云：

> “造化所成，无一物相肖者。以是知万物虽多，其实无一物无阴阳者。以是知天地变化，二端而已。”（《正蒙·太和篇》，《全集》卷二，页十）

“造化所成，无一物相肖者”，此亦宇宙间之一种普遍的现象。横渠又云：“游气纷扰，合而成质者，生人物之万殊；其阴阳两端，循环不已者，立天地之大义。”（同上，页九）气本涵有阴阳之性，故其聚而成之物，无无阴阳者。但万物皆气聚而成，皆“游气纷扰”所合而成质者，何以无一物相肖者，此点横渠未明言。

横渠又云：

> “太虚不能无气。气不能不聚而为万物。万物不能不散而

为太虚。循是出入，是皆不得已而然也。”（同上）

气散则复聚；聚则复散。气聚则物成；气散则物毁。如是循环不息。是亦宇宙间一普遍的现象也。

4. 横渠所说之天文地理

横渠《正蒙》中对于天文地理及宇宙间各方面之事物，多有更详细的讨论。兹举数端，以见《正蒙》所讨论范围之广大。横渠云：

> “地纯阴，凝聚于中，天浮阳，运旋于外；此天地之常体也。恒星不动，纯系乎天，与浮阳运旋而不穷者也。日月五星，逆天而行，并包乎地者也。”（《正蒙•参两篇》，《全集》卷二，页十）

又云：

> “地有升降，日有修短。地虽凝聚不散之物，然一气升降其间，相从而不已也。阳日上地日降而下者，虚也；阳日降地日进而上者，盈也。此一岁寒暑之候也。至于一昼夜之盈虚升降，则以海水潮汐，验之为信。然间有小大之差，则系日月朔望，其精相感。”（同上，页十四）

观此可见横渠对于天文地理讨论之一斑。岁之所以暑者，即因阳下降，地上升，地面阳气多，故暑。其所以寒者，即因阳上升，地下降，地面阳气少，故寒。地在一年之中，有上升时，有下降时；在一昼夜之中，亦有上升时，有下降时。可以潮汐验之。地升则潮落；地降则潮升。

横渠又云：

> “阴性凝聚；阳性发散。阴聚之，阳必散之；其势均。散阳为阴累，则相持为雨而降，阴为阳得，则飘扬为云而升。故云物班布太虚者，阴为风驱，敛聚而未散者也。凡阴气凝聚，

阳在内者不得出，则奋击而为雷霆；阳在外者不得入，则周旋不舍而为风。其聚有远近虚实，故雷风有小大暴缓。和而散，则为霜雪雨露；不和而散，则为戾气曀霾。阴常散缓，受交于阳，则风雨调，寒暑正。”(同上，页十九)

又云：

“声者形气相轧而成。两气者，谷响雷声之类。两形者，桴鼓叩击之类。形轧气，羽扇敲矢之类。气轧形，人声笙簧之类。是皆物感之良能，人皆习之而不察者尔。”(《正蒙•动物篇》，《全集》卷三，页三)

此可谓为横渠之物理学。

横渠又云：

“动物本诸天，以呼吸为聚散之渐。植物本诸地，以阴阳升降为聚散之渐。物之初生，气已至而滋息；物生既盈，气日反而游散。至之谓神，以其伸也；反之为鬼，以其归也。”(同上，页一)

又云：

“有息者根于天，不息者根于地。根于天者不滞于用，根于地者滞于方。此动植之分也。”(同上，页一)

此可谓为横渠之生物学。

（以上摘引自冯友兰：《中国哲学史》，商务印书馆，1934年，第852—860页）

张岱年《中国哲学大纲》论张载气论

张岱年（公元1909－2004年），曾用名宇同，别号季同，河北沧县

人。1928年考入北京师范大学。1933年毕业，应清华大学之聘，任哲学系助教。1943年任教于北平私立中国大学。1946年受聘任清华大学哲学系副教授，1951年升任教授。1952年调任北京大学哲学系教授。著作主要有：1937年写成的《中国哲学大纲》；1942—1948年间写成的《哲学思维论》《知实论》《事理论》《品德论》和《天人简论》（合称“天人五论”）；还有《中国唯物主义思想简史》（1957年）、《张载——十一世纪中国唯物主义哲学家》（1957年）、《中国伦理思想发展规律的初步研究》（1957年）、《宋元明清哲学史提纲》（1957—1958年）、《中国哲学发微》（1981年）、《中国哲学史史料学》（1982年）、《中国哲学史方法论发凡》（1983年）、《玄儒评林》（1985年）、《文化与哲学》（1988年）、《中国伦理思想研究》（1989年）、《中国古典哲学概念范畴要论》（1989年）等。关于《中国哲学大纲》的写作与出版经过，张岱年曾说：“1935至1937年以两年之力写成五十多万字的《中国哲学大纲》，内容展示了中国古代哲学的理论体系，注重阐明中国哲学的概念范畴的确切含义，详述了中国哲学的各种理论问题的演变过程。这部书写成后，承冯友兰先生介绍给商务印书馆。商务印书馆接受了，但因战事关系未能付印。1943年中国大学校长何其巩先生听说我写了此书，于是邀我到中国大学任教，将书稿印成讲义。新中国成立后，商务印书馆检查旧存纸型，发现了此书，于是在1958年正式刊印。”①

张岱年《中国哲学大纲》于1937年完成。1958年由北京商务印书馆出版，其中第一卷“宇宙论”第四章“气论一”，论及张载自然观：

唯气的本根论之大成者，是北宋张横渠(载)。张子认为气是最根本者，气即是道，非别有道。宇宙一切皆是气，更无外于气者；气自本自根，更无为气之本者。

①张岱年：《张岱年全集·自序》，《张岱年全集》第一卷，河北人民出版社，1996年，第2页。

张子的宇宙本根论中，最根本的观念有四，即气，太和，太虚，性。太和即阴阳会冲未分之气。太虚即气散而未聚无形可见之原始状态。性即气所固有之能动之本性。此外，次根本的观念又有四，即道、天、易、理。道即气化历程。张子所谓道，与老子所谓道意义不同：老子所谓道，指究竟所以或究竟规律；张子所谓道，则指存在历程或变化历程。天即太虚之别名，易即道之别名，气之变化屈伸，有其规律，是谓理。张子所讲之根本观念虽不一，实皆统于气，故张子之说可称为气论。

张子以为凡存在都是气，他说：

"凡可状皆有也，凡有皆象也，凡象皆气也。"(《正蒙•乾称》)

一切皆气。总合未分之气，名为太和。张子说：

"太和所谓道。"(《正蒙•太和》)

太和即阴阳会冲之一气，即气之全。道即是太和之气变化流行之大历程。张子又说：

"由气化，有道之名。"(同上)

张子以气化流行之历程为道，所谓道以历程言，而非以规律言。当气聚时，有形而可见；气不聚时，无形而不可见。张子说：

"气聚则离明得施而有形，气不聚则离明不得施而无形。"(同上)

《易•说卦传》："离为目"，此所谓离明即目明。气聚则目可得见，不聚则目不可得见。有形固是气，无形亦是气。张子说：

"所谓气也者，非待蒸郁凝聚，接于目而后知之；苟健顺动止、浩然湛然之得言，皆可名之象尔。"(《正蒙•神化》)

“显其聚也，隐其散也。显且隐，幽明所以存乎象；聚且散，推荡所以妙乎神。”（《正蒙·大易》）

凝聚者是气，其未凝聚而浩然湛然者亦是气。气聚则显，气散则隐。显明而隐幽，皆是气。气推荡无已，而聚散不定。

气未聚而无形之状态，是谓太虚，乃气之原始，气之本然。张子说：

“太虚无形，气之本体；其聚其散，变化之客形尔。”（《正蒙·太和》）

“气本之虚，则湛本无形；感而生，则聚而有象。”（同上）

本者本来，体者恒常，张子尝云：“未尝无之谓之体”（《正蒙·诚明》）。气之聚散，倏暂不定，故谓之客形。气之本然而恒常之状态，实乃太虚。太虚即所谓天。张子说：

“由太虚，有天之名。”（《正蒙·太和》）

太虚虽无形无状，而乃实有。张子说：

“太虚者，天之实也。”（《语录》）

“天地之道，无非以至虚为实。人须于虚中求出实……凡有形之物即易坏，惟太虚无动摇，故为至实。”（同上）

太虚恒常，故可谓至实。此非谓物为不实，有形之物，与无形之太虚，本皆实在。张子又说：

“至虚之实，实而不固……实而不固则一而散。”（《正蒙·乾称》）

太虚即至虚之实。至虚之实，实在而不凝固，一体而未聚结。

一般所认为空无所有之太虚，实并非纯然无有，只是气散而未聚。太虚聚则为气，气散则复为太虚。张子说：

“气之为物，散入无形，适得吾体；聚为有象，不失吾常。太虚不能无气，气不能不聚而为万物，万物不能不散而为太虚。循是出入，是皆不得已而然也。”（《正蒙•太和》）

太虚凝而成气，气聚而成物；物散而为气，气复散而为太虚。虚气物三者，虽异实一。张子又说：

“知虚空即气，则有无隐显……通一无二……若谓虚能生气，则虚无穷气有限，体用殊绝，入老氏有生于无自然之论，不识所谓有无混一之常。若谓万象为太虚中所见之物，则物与虚不相资，形自形性自性，形性天人不相待而有，陷于浮屠以山河大地为见病之说。”（同上）

万物只是气，气只是太虚。太虚乃气之本然，并非由太虚而生出气。太虚与万物乃气之散聚形态，并非实有的万物存在于空无的太虚之中。要之，一切皆一气之变，似乎空无之太虚，乃气之原始状态；坚固有形之万物，皆由气凝聚而成。张子又说：

“气之聚散于太虚，犹冰凝释于水，知太虚即气则无无。”（同上）

气与太虚的关系，与冰与水的关系相仿佛。未凝时是太虚，既凝时为气。知太虚乃气未聚时之实在，则知无所谓无。通常所认为无者，只是气散而未聚而已，实并非无。

宇宙惟是一气，此气有其内在的本性。张子说：

“太和所谓道，中涵浮沉升降动静相感之性，是生细缊相荡胜负屈伸之始，其来也几微易简，其究也广大坚固。”（《太和》）

太和之气，内中涵有浮沉升降动静相感之性。此性之内容，即浮沉升降动静相感，实即能变之性。因有此性，乃发生无穷之变化，其初虽几微易简，其究乃生成广大坚固之一切形体。张子又说：

“感者性之神，性者感之体。惟屈伸动静终始之能，一也。故所以妙万物而谓之神，通万物而谓之道，体万物而谓之性。”（《正蒙•乾称》）

感是性之妙用，性是感之本始。所谓感，即对立之相互推荡。所谓性，即是能感的，亦即是屈伸动静终始之能。所谓浮沉升降动静相感之性，即是屈伸动静终始之能，亦即涵有内在对待之变动功能。张子认为气是涵有内在的对立者，他尝说：

“一物两体，气也。一故神，（自注：两在故不测）两故化（自注：推行于一）。”（《正蒙•参两》）

气是一物而涵两体者。两而一，故有不测之妙用；一而两，故变化无已。张子又说：

“一物而两体，其太极之谓与?”（《正蒙•大易》）

气一物而两体，太极亦一物而两体，张子实以气为太极。气实涵有内在对立，此乃是气之性。张子又说：

“性其总，合两也……不能无感者谓性。”（《正蒙•诚明》）

性乃就气之总而言。性即合两，即涵有内在对立。由有内在对立，故不能无感。

气之性，乃原于为气之原始的太虚。张子说：

“气之性本虚而神，则神与性乃气所固有。”（《正蒙•乾称》）

气之性，本于太虚，而有不测之妙用。太虚乃气之本然，气之性即由此本然状态而有之性，故性实乃气所固有。张子谓性本于太虚，即谓性乃气所内涵，非超于气者，离气则无所谓性。张子又说：

“至静无感，性之渊源。”（《正蒙•太和》）

至静无感即谓太虚，乃气之能变之性之本原。此所云无感，谓无外感，太虚本是无外的。性本于太虚，而亦即涵于太虚之中。张子说：

> “天包载万物于内，所感所性，乾坤阴阳二端而已。”（《正蒙·乾称》）

> “天性乾坤阴阳也，二端故有感，本一故能合。天地生万物，所受虽不同，皆无须臾之不感，所谓性即天道也。”（同上）

> “天大无外，其为感者，细缊二端而已。”（《正蒙·太和》）

性亦即天之所性，太虚之天，实中涵二端而自相感。太虚虽无外物相感，而其内则未尝不感，故虽云至静，然非无动。张子说：

> “至静之动，动而不穷……动而不穷，则往且来。”（《正蒙·乾称》）

太虚为至虚之实，亦为至静之动。太虚之中，即涵蕴能变之性。张子又说：

> “有无虚实通为一物者，性也。”（同上）

太虚虚无，万物实有，性则贯乎有无虚实，而无所不在。张子又说：

> “未尝无之谓体，体之谓性。”（《正蒙·诚明》）

性亦可谓气之体，乃恒常永存的。屈伸动静终始之能，所以谓之为性者，即以其乃气之所未尝无。气或聚或散，而此性常在。

所谓性，所谓道，实即是易。张子说：

> “性与天道云者，易而已矣。”（《正蒙·太和》）

"语其推行，故曰道；语其不测，故曰神；语其生生，故曰易。其实一物，指事异名尔。"(《正蒙·乾称》)

性与道，一易字足以括之。易即气之性，亦即天之道。

太和之气中，涵有变化之性，于是屈伸升降，而成阴阳二气。张子说：

"气坱然太虚，升降飞扬，未尝止息。《易》所谓细缊，庄生所谓生物以息相吹野马者欤？此虚实动静之机，阴阳刚柔之始。浮而上者阳之清，降而下者阴之浊。其感遇聚散，为风雨，为雪霜，万品之流形，山川之融结。"(《正蒙·太和》)

气本为太虚，而中涵能变之性，于是升降变化，分而为阴阳。阴阳交感，聚散屈伸，乃生成万物。张子又说：

"游气纷扰，合而成质者，生人物之万殊。其阴阳两端，循环不已者，立天之大义。"(同上)

阴阳两端，循环未已，实为天地之根本规律。张子又说：

"太虚者气之体，气有阴阳，屈伸相感之无穷……虽无穷而实湛然……阴阳之气，散则万殊，人莫知其一也。合则混然，人不见其殊也。形聚为物，形溃反原。"(《正蒙·乾称》)

阴阳之气，变化无穷，形为万殊，其实本为湛然之太虚而已。物之成毁，即气之聚散。

张子又以为气之变化是有理的。他说：

"天地之气，虽聚散攻取百涂：然其为理也，顺而不妄。"(《正蒙·太和》)

气之变动虽繁，而有其一定之规律，皆遵循此规律而无偶然者。气有规律，而万物之生成有其秩序。张子说：

"生有先后，所以为天序。小大高下，相并而相形焉，

是为天秩。天之生物也有序，物之既形也有秩。”（《正蒙•动物》）

序以生之先后言，秩以相形之位置言。气之变化有理，气之聚而成物又有其天序天秩。张子亦甚注重理，尝说：

“万物皆有理，若不知穷理，如梦过一生。”（《语录》）

物莫不有理。所谓理者，究竟为何？张子说：

“阴阳者，天之气也，刚柔缓速，人之气也。生成覆帱，天之道也；仁义礼智，人之道也，损益盈虚，天之理也；寿夭贫贱，人之理也……道得之同，理得之异。”（同上）

天之理即损益盈虚，即变化中之常则。气之变易历程为道，气之变化规律为理。道惟一，而理则殊。道是整个宇宙之大历程，而理则其分殊的规律。（在人言之，所谓道则非谓历程，而谓道德准衡。又程伊川解张子《西铭》谓“理一分殊”，乃就其自己之名词解释张子之思想；如以张子之名词言之，当云：“道一分殊。”后人或以理一分殊为张子自己之观念，此实大误。）张子言理，以分殊言；理是气之条理，乃气之所有，即在气内。气是最根本者，而理则非事物之本根。

张子的宇宙本根论，实可谓宏大而丰富。其最主要之义，在于以一切形质之本始材朴之气，解释一切，认为宇宙乃一气之变化历程；以为空若无物之太虚，并非纯然无物，而乃气散而未聚之原始状态，实乃气之本然；气涵有内在的对立，是气之能动的本性，由之而发生变化屈伸。一切变化，乃缘于气所固有之能变之性。张子注重物质（气），讲物质与空间（太虚）之统一，以内涵对立而能变为物质之本性，实甚精澈；惜乎所讲每有不清晰之点，故易于误会而难于了解。

太虚一词，先秦时即有之，指广漠之空间，如《庄子》书云：

“外不观乎宇宙，内不知乎太初；是以不过乎昆仑，不游乎太虚。”（《知北游》）

又晋时孙兴公(绰)《游天台山赋》云：

> “太虚辽廓而无阂，运自然之妙有，融而为川渎，结而为山阜。”

太虚虽本指广漠之空间，然非与时间相离对立者，太虚实可以说即包含时间在内，故可言“运自然之妙有”。

太虚实可谓与现代英国哲学家亚历山大(Alexander)所谓“空时”(Space-time)略相近似。张子以太虚为气之原始，亚历山大以空时为物质之本原，为说亦甚相近。张子谓太虚乃气之本体，即谓空时非纯然无有，而乃物质之本原。空时凝结而成最细微的物质，最细微的物质聚合而成通常的物质。所以张子的本根论，实可以说是一种唯物论。

与张子同时的司马光，亦以虚与气为万物之本根。司马温公说：

> “万物皆祖于虚，生于气。气以成体，体以受性……故虚者物之府也，气者生之户也，体者质之具也，性者神之赋也。”(《潜虚》)

大意与张子所说略同，但张子有详密理论，温公则只是简单数语而已。

（以上摘引自张岱年：《中国哲学大纲》，商务印书馆，1958年，第67～73页）

参考文献

[1] 胡道静．梦溪笔谈校正［M］．上海：上海古籍出版社，1987年．

[2]（宋）司马光．温国文正司马公文集［M］．四部丛刊初编本．

[3]（宋）王安石．临川先生文集［M］．四部丛刊初编本．

[4]（宋）苏轼．苏轼文集［M］．北京：中华书局，1986年．

[5]（宋）周敦颐．周敦颐集［M］．北京：中华书局，2009年．

[6]（宋）邵雍．皇极经世书［M］．文渊阁四库全书本．

[7]（宋）张载．张载集［M］．北京：中华书局，1978年．

[8]（宋）程颢、程颐．二程集［M］．北京：中华书局，1981年．

[9]（宋）朱熹．四书章句集注［M］．上海：上海书店，1987年．

[10]（宋）朱熹．晦庵先生朱文公文集［M］．四部丛刊初编本．

[11]（宋）黎靖德．朱子语类［M］．北京：中华书局，1986年．

[12]（元）脱脱等．宋史［M］．北京：中华书局，1985年．

[13]（明）王廷相．王廷相集［M］．北京：中华书局，1989年．

[14]（明）王夫之．张子正蒙注［M］．北京：中华书局，1975年．

[15]（明）李时珍．本草纲目［M］．北京：人民卫生出版社，1975-1981年．

[16]（明）宋应星．野议 论气 谈天 思怜诗［M］．上海：上海人民出版社，1976年．

[17]（明）方以智．物理小识［M］．文渊阁四库全书本．

[18]（明）张介宾．类经［M］．北京：人民卫生出版社，1965年．

[19]（清）黄宗羲、全祖望．宋元学案［M］．北京：中华书局，1986年．

[20] 谭嗣同全集［M］．北京：三联书店，1954年．

[21] 冯友兰．中国哲学史［M］．上海：商务印书馆，1934年．

[22] 冯友兰．中国哲学史新编［M］．北京：人民出版社，1999年．

[23] 张岱年．中国哲学大纲［M］．北京：商务印书馆，1958年．

[24] 陈俊民．张载哲学思想及关学学派［M］．北京：人民出版社，1986年．

[25] 姜国柱．张载关学［M］．西安：陕西人民出版社，2001年．

[26] 程宜山．中国古代元气学说［M］．武汉：湖北人民出版社，1986年．

[27] 李存山．中国气论探源与发微［M］．北京：中国社会科学出版社，1990年．

[28]（英）李约瑟．中国科学技术史第四卷《天学》［M］．北京：科学出版社，1975年．

[29]（英）李约瑟．中国科学技术史第五卷《地学》［M］．北京：科学出版社，1976年．

[30] 陈遵妫．中国天文学史［M］．上海：上海人民出版社，1984年．

[31] 杜石然等．中国科学技术史稿［M］．北京：科学出版社，1982年．

[32] 陈美东．中国科学技术史•天文学卷［M］．北京：科学出版社，2003年．

[33] 罗桂环、汪子春．中国科学技术史•生物学卷［M］．北京：科学出版社，2005年．

[34] 戴念祖、刘树勇．中国物理学史（古代卷）［M］．桂林：广西教育出版社，2006年．

[35] 宋正海、孙关龙．中国传统文化与现代科学技术［M］．杭州：浙江教育出版社，1999年．

[36] 乐爱国. 儒家文化与中国古代科技［M］. 北京：中华书局，2002年.

[37] 乐爱国. 宋代的儒学与科学［M］. 北京：中国科学技术出版社，2007年.

索　引

（按汉语拼音顺序排列）

A

B

C

D

H

J

K

L

N

O

Q

R

S

T

W

X

Y

Z